学前儿童体育活动与指导

主　编　赵岁峰
副主编　高宏伟　孙永进　王　阳
参　编　赵　兵　张　岚　李　伟
　　　　程菲菲　李　皓　丁　浩
　　　　张　飞　毛　芬　陈其鑫
　　　　米日扎提·阿不都艾尼

北京理工大学出版社
BEIJING INSTITUTE OF TECHNOLOGY PRESS

内 容 提 要

　　本书根据《3-6岁儿童学习与发展指南》《幼儿园教师专业标准》等文件，以及最新幼儿园教师教育课程标准进行编写，立足学前健康教育的教学实际，从课程实际出发，结合健康教育学科的特点与学前儿童的生长和认知特点，基于对健康的最新认识，依据幼儿身心发展特点，着重介绍了健康的一般理论和学前儿童健康教育的目标、内容，从学前儿童身体保健教育、心理健康教育、体育健康教育等方面阐述了学前儿童健康教育活动的内容、组织形式，以及应注意的问题，最后介绍了学前儿童健康教育的评价机制和具体方法。另外，本书中有许多学前健康教育领域的真实、生动、有趣的案例及评析，供学习者分析、思考与借鉴。

　　本书可供职业教育院校学前教育专业、幼儿师范院校的学生使用，也可用于幼儿园教师继续教育和进修的培训教材。

图书在版编目（CIP）数据

　　学前儿童体育活动与指导 / 赵岁峰主编. -- 北京：
北京理工大学出版社，2024.1
　　ISBN 978-7-5763-3469-2

　　Ⅰ.①学… Ⅱ.①赵… Ⅲ.①学前儿童—体育教育
Ⅳ.①G613.7

　　中国国家版本馆CIP数据核字（2024）第034359号

责任编辑：吴　欣	**文案编辑**：吴　欣
责任校对：周瑞红	**责任印制**：施胜娟

出版发行 /	北京理工大学出版社有限责任公司
社　　址 /	北京市丰台区四合庄路6号
邮　　编 /	100070
电　　话 /	(010) 68914026（教材售后服务热线）
	(010) 68944437（课件资源服务热线）
网　　址 /	http://www.bitpress.com.cn
版 印 次 /	2024 年 1 月第 1 版第 1 次印刷
印　　刷 /	河北鑫彩博图印刷有限公司
开　　本 /	787 mm×1092 mm　1/16
印　　张 /	11.5
字　　数 /	261 千字
定　　价 /	60.00 元

前 言 Preface

　　本书是为培养幼儿园体智能教师而撰写的一本教材，本书以幼儿体质健康为目的，将学前儿童体育活动理论与实践紧密结合。通过本书的学习，以及一系列的实践活动，可获得从事学前儿童体育活动的专业知识和能力，达到体育活动的科学性、准确性，从而提升教育质量，促进幼儿健康成长，为建设健康中国奠定基础。

　　本书的撰写是深度解读《幼儿园教育指导纲要（试行）》及《3-6岁儿童学习与发展指南》，无论是年龄特点还是教育的实际实施都在强调幼儿健康发展；着重强调幼儿的运动能力及运动水平；更加注重幼儿的运动目标，以目标引领内容，注重幼儿园体育活动与家庭体育活动开展；促进幼儿园、家庭与社区开展适合幼儿身心特点的游戏活动，培养体育兴趣爱好，促进运动技能协调发展；将体育活动与幼儿日常生活、领域教育有机结合，成为实施素质教育和培养全面发展人才的重要途径，为幼儿一生的健康打下良好的基础；同时也有助于全社会形成终身体育锻炼的理念。

　　本书主要有以下特点：

　　（1）明确学前教育体育活动的性质、目标、内容与要求、形式及实施建议，供教师在实施体育教育与指导家庭开展体育活动时参考和选择。

　　（2）制定符合学前儿童实际情况的实施方案，科学、系统地安排幼儿的体育活动，注重活动方法和组织形式的变革与创新，灵活运用多元评价，因地制宜地开发利用各种体育活动资源，积极弘扬中国传统文化，努力挖掘传统体育游戏资源，不断丰富与拓展体育活动内容。

　　幼儿体育是通过身体运动的方式进行的，它要求幼儿身体直接参与活动，这就决定体育具有健康的功能。同时，体育能够调节情绪、磨炼意志、提高幼儿心理健康水平。幼儿在参与体育活动的过程中，不仅获得身体上的锻炼与发展，而且还能促进心理、社会性等方面的发展。幼儿体育是遵循幼儿身体生长发育规律，以增强体质、提高健康水平、促进幼儿全面和谐发展为目的所进行的一系列教育活动。

本书由赵岁峰统筹编写工作，具体编写分工如下：模块一由赵兵、张岚、李伟编写，模块二由程菲菲编写，模块三由李皓、赵岁峰编写，模块四由丁浩、米日扎提·阿不都艾尼编写，模块五由高宏伟、孙永进编写，模块六由张飞、毛芬编写，模块七由王阳、陈其鑫编写。

在本书的编写过程中，编者借鉴了国内外许多学者、专家的观点和资料，同时得到了出版社的鼎力支持与帮助，在此一并表示感谢！

由于编者的水平和能力有限，书中难免有不妥之处，恳请读者批评指正！

编　者

目　录　Contents

认识学前儿童体育活动

知识目标

- 掌握学前儿童体育活动的意义、目标和作用。
- 掌握学前儿童体育活动中的安全和卫生。

技能目标

- 了解学前儿童体育活动对促进幼儿社会性发展的方法。
- 能够促进学前儿童身心正常、协调发展，增强学前儿童体质。
- 了解学前儿童体育活动中，保证安全卫生的基本方法。

素质目标

- 培养学前儿童参加体育活动的兴趣和习惯。
- 培养学前儿童热爱体育锻炼的意识。
- 培养学前儿童体育锻炼的安全意识。

知识结构图

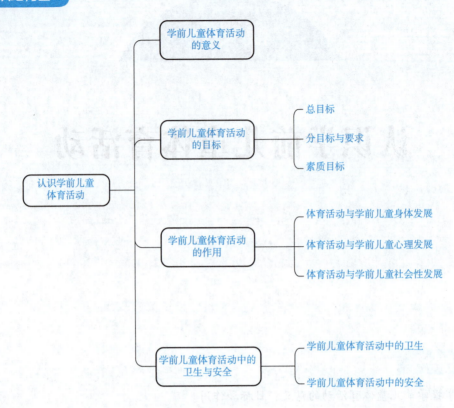

单元一　学前儿童体育活动的意义

　　随着社会的不断发展和科技的不断进步，社会对人才提出了更新、更高的要求，健康的身体是实施全面发展教育这一要求的物质基础。体育活动又是促进学前儿童身心健康、和谐发展的重要手段之一。

　　生命的健康存在是保证人发展的物质基础。人的认知、情感、行为等方面的发展，都需要建立在基本的身体健康之上，健全的大脑是心理发展的重要保证。因此，人要在社会中求得生存并得到发展，首先必须要有健康的身体。

　　学前儿童时期的身体各器官、系统机能尚未发展成熟，组织比较娇嫩，其物质基础相当薄弱。同时，学前儿童时期又是生长发育十分迅速和旺盛的时期，此时，正是建立物质基础的关键和有效时期。

　　科学、适宜的体育活动，能促进学前儿童身体各器官、系统机能的正常生长和发育，因为体育活动能增加骨细胞营养物质的供给，使骨密质增厚，骨骼变得更加牢固、粗壮，能使肌纤维增粗，增强肌肉、肌腱和韧带的力量、弹力和弹性，有利于增强关节的灵活性和牢固性，从而增强运动系统机能；由于活动时心跳加快，循环加快，呼吸加快、加深，从而增强心脏功能和血管弹性，并能增强呼吸肌力量，增大肺的通气量，提高呼吸系统的适应能力和抗病能力，从而提高循环系统、呼吸系统功能。动作的发展与中枢神经控制能力的发展有着密切的关联，而中枢神经控制能力的发展又进一步促进学前儿童动作的发展，所以，运动不仅能使大脑皮层的抑制和兴奋更加集中，而且还能提高神经系统对肌肉运动的综合调节能力，使身体运动更协调、更准确、更灵活，从而促进神经系统功能的发展。由此看来，体育活动对促进学前儿童身体正常发育和机能的协调发展有着重要的意义和作用。

科学、适宜的体育活动，能促进学前儿童认知能力的发展。体育活动能促进学前儿童神经系统反应灵敏，为接受智育提供良好的条件。通过体育活动，学前儿童可以获得丰富的知识和运动经验，并能使学前儿童的感知更加敏锐，观察更加细致、准确，还能使幼儿的理解能力、记忆力、想象力、思维能力和判断能力得到发展。

丰富多彩的体育活动，能培养学前儿童活泼、开朗的性格和优良的品德。参加体育活动既能为学前儿童带来欢乐，又能培养学前儿童勇敢、顽强的意志品质和自信心，同时还能培养学前儿童的群体意识，进而形成良好的个性，有利于促进学前儿童社会性发展。

体育活动中的动作美、姿态美能培养学前儿童对美的感受，塑造健美体格，陶冶美的情操。

综上所述，体育活动在学前儿童教育中，对培养学前儿童身心全面、和谐发展，具有十分重要的意义和作用。

单元二　学前儿童体育活动的目标

一、总目标

根据《幼儿园工作规程》（以下简称《规程》）及《幼儿园教育指导纲要（试行）》（以下简称《纲要》）中有关健康领域目标的精神，学前儿童体育活动的主要目标：健康活泼，喜欢参加体育活动，动作协调、灵活，好奇探究，文明乐群，勇敢自信，逐渐具有自我保护意识和能力。

学前儿童体育目标
设定发展性原则

二、分目标与要求

1. 积极参与运动

通过开展适合学前儿童年龄特点的，丰富多彩、生动有趣的体育活动，吸引学前儿童主动参与，培养其参加体育活动的兴趣和习惯。在《规程》和《纲要》健康领域的目标、内容及要求中，多处强调要吸引学前儿童主动参与体育活动，并要培养学前儿童参加体育活动的兴趣和习惯。这样，才能实现学前儿童体育的总目标，并为其终生体育奠定良好基础。

2. 促进身体健康

用学前儿童感兴趣的方式开展教学，促进学前儿童身体的正常发育，逐步形成正确的身体姿态，提高动作的协调性、灵活性、平衡能力和行动的安全性。在体育活动中发展学前儿童走、跑、跳、投掷、攀登、钻、爬等基本动作能力，促进其身体正常发育，培养正确姿势，增强学前儿童的身体素质，促进学前儿童独立生活和活动能力的发展。

3. 促进生理健康

在体育活动中促进学前儿童认知能力的发展，培养学前儿童好奇探究、创新意识及坚强勇敢、乐观自信、不怕困难的意志品质。儿童心理是在活动中发展起来的，在丰富多彩的体育活动中，要求幼儿注意力集中，思维敏捷、灵活，记忆准确，以便随时改变自己的行动，这就促使其积极思考、主动创新、勇敢自信，从而促进学前儿童的心理健康。

4. 培养社会适应能力

通过各种形式的体育活动，提高学前儿童对自然环境和社会环境的适应能力，使其在集体生活中，不仅心情愉快，而且还可以学会交往、合作，形成良好的人际关系。在室外开展多种形式的体育活动，更有利于提高学前儿童对自然环境的适应能力。

三、素质目标

保证学前儿童必需的营养，做好卫生保健工作，培养学前儿童良好的卫生习惯和独立生活的能力，发展他们的基本动作，培养学前儿童对体育活动的兴趣，提高机体的功能，增强体质，以保护和促进学前儿童健康。

用心教给学前儿童周围生活中粗浅的知识和技能，注意发展学前儿童的注意力、观察力、记忆力、想象力和语言的表达能力，培养他们对学习的兴趣、求知的欲望和良好的学习习惯。

向学前儿童进行初步的五爱教育（爱祖国、爱人民、爱劳动、爱科学、爱护公共财物），培养他们团结、友爱、诚实、勇敢、克服困难、有礼貌、守纪律等优良品德、文明行为和活泼开朗的性格。

用心教给学前儿童音乐、舞蹈、美术、文学等粗浅知识和技能，培养学前儿童对它们的兴趣，初步发展他们对周围生活、大自然、文学艺术中美的感受力、表现力和创造力等。

单元三　学前儿童体育活动的作用

一、体育活动与学前儿童身体发展

体育活动是一项融合体育锻炼和运动技巧的运动形式，它能够适应并发展儿童的骨骼、肌肉和关节，提高儿童的速度、力量、耐力、柔韧等素质，对儿童的成长起着重要的作用。在儿童身体发育的关键时期选择合适的体育游戏进行锻炼，对增强儿童的健康体质起着不可忽视的作用。所以，同学们你们知道体育活动对儿童健康的影响都有哪些吗？

1. 体育活动对儿童肌肉的影响

体育活动是一项可以锻炼全身的运动，运动中很多活动都是以竞赛形式开展的，只有较强的肌肉力量和肌肉耐力才能在游戏比赛中占据优势。在活动过程中很多动作都需要力量和速度。体育活动中涉及跑、跳、蹦、投等动作，可以有效地锻炼儿童上下肢的肌肉，增强儿童的肌肉力量。体育游戏中的弯腰、闪躲、跳跃、踢腿等动作可以提高儿童腰腹肌的力量和肌肉的耐力。因此，儿童在体育活动过程中，通过锻炼使肌纤维变粗变厚，增加肌肉力量和肌肉耐力，从而获得健康的体魄。

2. 体育活动对儿童柔韧性的影响

体育活动能改善肌肉的灵活性，使儿童的柔韧性得以保持和发展。体育游戏主要通过抱腿、弯腰、拉伸、屈体等动作来锻炼儿童的柔韧性，从而提高肌肉的协调性和伸展能力。长期进行体育游戏运动，会无形中提高儿童柔韧性。另外，训练柔韧性不能过于急躁，否则会造成伤害，需要坚持不懈的锻炼才能长时间保持。

3. 体育活动对儿童心肺功能的影响

儿童的心肺功能正处于发育阶段，加强对心肺功能的锻炼，能降低和预防呼吸道疾病、心脏病的发生。在体育游戏中，儿童的心肺经过运动的刺激，可以变得更强有力，一些有氧类型的体育游戏可以改善儿童身体的血液循环，加强体内的新陈代谢。体育活动中跳绳、上下台阶、吹气呼气等这类锻炼方式，可使儿童的心脏收缩更有节奏。儿童在体育活动中血液循环加快、输氧能力提高，心肺功能自然就能得到提高。

4. 体育活动对儿童身体构成的影响

儿童在一些有趣的竞技类体育活动中，身体受到外界的刺激会产生一系列的生理反应，如血压升高、呼吸加快、新陈代谢加快等。在这种情况下儿童的身体生长激素增加，对肌肉和骨骼生长有很好的促进作用。脂肪在儿童的身体中扮演着重要的角色，儿童体内脂肪含量过高，会影响儿童的日常生活和学习。通过锻炼和游戏增加非脂肪含量，并减少储存脂肪的数量，可以降低儿童体内脂肪的比例。但这个比例下降的并不明显，因此，体育活动对儿童的影响主要是确保儿童拥有健康的脂肪比例。

体育活动对儿童的健康有着十分重要的意义。体育活动因具有多样性、趣味性和娱乐性，备受儿童喜欢，同时也是儿童体育锻炼的一种重要形式，这类活动存在于整个儿童时期，但深入的层次有所不同。

二、体育活动与学前儿童心理发展

（一）幼儿体育与幼儿心理健康的关系

身体和心理具有密切的关系，不会爬的婴儿不可能知晓小床外面的世界，所以说，幼儿心理的发展是以幼儿身体的发展为基础的，进行体育活动促进幼儿身体的发展从而促进幼儿心理的发展。体育活动一般需要完成有一定难度的任务，在布置任务的初期，可以培养幼儿做事的目的性，在完成任务的过程中可以培养幼儿的坚持性，在完成任务之后又可以培养幼儿的自信心和成就感，这些都可以促进幼儿心理的发展。体育活动是一项集体活动，可以培养幼儿团结、互助、合作等良好品德。体育活动可以刺激大脑细胞的新陈代谢，使人产生愉快的情绪，有利于健康心理的形成。体育活动与幼儿心理的健康发展有着不可分割的联系，幼儿心理是在活动中发展起来的，正确的体育教育为幼儿的神经系统和其他器官系统的正常活动创造良好的条件。所以，在幼儿园的实际教学中，我们应该多进行体育游戏活动，并且在进行这些活动的过程中，幼儿教师要有意识地培养幼儿良好的思想品德、心理素质，促进幼儿感知、记忆、言语、思维等心理过程的发展，进而促进幼儿心理的健康发展。

运动训练中的动作，大多是在较短的时间内甚至是一瞬间完成的，并需要具有一定的精确性，因此，它对大脑皮层细胞的刺激相对较强，所动员起来的神经细胞也相对较多。经常、适宜的运动刺激，能提高大脑皮层神经细胞活动的强度、灵活性、均衡性及大脑分析综合的能力，建立起多种复杂的神经联系，使整个神经系统的功能得到有效的增强，为幼儿智力的发展创造良好的条件。

例如，动作的速度、灵活性的提高，与大脑神经细胞信息传导的速度有关；助跑跨跳、跳绳等活动，又能使神经细胞之间建立起多种复杂的神经联系等。

生理学的研究发现，人体的各个部位在大脑皮层上都占有相应的代表区域，其区域的大小与身体该部位活动的精细与复杂程度密切相关，身体哪个部位的动作越是精细、越是复杂，那么，它在大脑皮层上所占据的区域也就越大。手所占据的区域空间是相对最大的，因为手的动作是最为精细、最为复杂的，尤其是大拇指的动作。

（二）幼儿体育对幼儿心理发展的作用

1. 克服过度自卑感，增强自信心

自卑是因为怀疑自己的能力和价值，觉得自己不如别人而产生的一种消极心理。有一点自卑心理并不完全是害处，它可以使人奋发向上，超越自卑。而过度的自卑感则是一种心理上的失调。幼儿经常参加体育锻炼，在教师的引导下，他们会重新认识自己。在进行体育锻炼时，在这个项目上不行，在另一个项目上可能会得心应手，看到自己的长处，正视不足，达到心理上的健康和平衡，克服自卑感，增强自信心。

2. 缓解压力，填补心理缺憾

幼儿对陌生环境不适应、与人交往产生矛盾等，使人产生焦虑感，心里感到苦闷，产生压抑等不良情绪，长期积累会使人处于低潮状态。幼儿经常参加体育锻炼可以暂时忘记心中的不快，使不良情绪在锻炼过程中得到缓解与释放，丰富的校园体育锻炼活动能够填补幼儿的心理缺憾，使幼儿感到心情舒畅、精神振奋、生活充实，促使其情绪健康化。

3. 可塑造儿童性格

体育锻炼不仅是身体的锻炼、大脑的锻炼，也是意志和性格的锻炼。体育运动能克服某些不良行为，使儿童的性格开朗、活泼、乐观。当幼儿在跑着、笑着去追逐滚着的皮球（图1-1），在阳光下接触大自然的时候，幼儿的情绪会十分快乐。这种良好的情绪有助于身体健康。运动还能培养幼儿的毅力，刚开始幼儿做一些动作要付出较大的努力，有时要克服各种困难，这就是很好的意志锻炼。运动后，幼儿更有自信心和成功感。幼儿会变得更加优秀、懂礼貌，与人相处较为主动平和。适当的运动对儿童人际关系发展有很大作用，使儿童养成与人合作的习惯和遵守规则的行为，有利于日后的社会需要。对于性格孤僻、不合群的幼儿，要鼓励其多参加集体活动和各种游戏，与众多儿童接触，可改变其孤僻、忧郁的性格，有利于幼儿身心健康成长。

图 1-1　踢球

4. 培养社会交往能力

幼儿在努力学习的同时，还要锻炼自己的能力，但是幼儿生活在园所内，很少有机会和时间到社会上与人交往，导致幼儿的交往能力普遍较差。但在体育锻炼的过程中，他们的交往能力可以得到一定的锻炼。因为在体育锻炼过程中，他们进行不同的身体练习，必然带来大量的身体接触，而不同的体育锻炼内容与生活中的经历往往不谋而合，生活中的琐事经常出现在其中，培养了幼儿正确与人交往的能力。

5. 增强适应能力

幼儿一直处在学生阶段，与外界沟通较少，生活适应能力较差。经常参加体育锻炼可以增强幼儿的生活适应能力，个人每天参加体育锻炼的群体和场所是不尽相同的，需要适应新环境、新对象，以及由这个群体和环境形成的体育氛围，另外，在体育锻炼过程中，场上的局势是千变万化的，需要在短时间内适应，这些都有利于幼儿适应能力的提高。

三、体育活动与学前儿童社会性发展

人与人的交往，形成了相互之间的集体或伙伴关系，人在参加社会生活中的这种倾向就成为社会性。换而言之，社会性就是能过社会生活的人的倾向。

所谓幼儿社会性发展，是指幼儿与人交往，在团体中与别人一起游戏，彼此尊重、分享、遵守规则和纪律等能力的发展。3～6岁的幼儿，是从家庭向社会过渡的开始阶段。他们通过在幼儿园与同伴、教师、保育员的交往，通过看电视、画刊，玩角色游戏及随教师参加各种社会活动，逐渐接触和了解了社会的不同角色，并逐渐学会了扮演其中的各种角色，他们已渐渐愿意或希望自己的行为和思想能加入社会中，成为社会的一员。

幼儿社会性的发展，有利于幼儿观察自己、了解自己、了解他人；有利于将自己与他人相比较，从而发现自己的优点或不足；有利于促进自我评价的健康发展；有利于学会与人相处，处理好人际关系，学会交往。

1. 体育活动中幼儿社会性发展的特点

3～6岁幼儿的体育活动，是从以个体为主的活动，开始转入幼儿园集体环境中活动的转折期。他们在3～4岁时，仍保留着以自我为中心的各种倾向性体育活动，例如，他们常常一个人拍球、玩沙，对同伴的活动不在意，对合作活动、小组活动不感兴趣，对游戏中胜负的反应不太积极。然而，随着他们参与集体体育活动时间的增加，以及心理和生理的发展，特别是随着教师的媒介作用及合作技能的学习和提高，他们会逐渐喜欢参加由角色扮演的，以及与同伴、集体在一起的体育活动，对同伴的活动也会给予呐喊和帮助，对集体合作所取得的胜负结果的反应也越来越积极，并十分重视。

2. 体育活动对幼儿社会性发展的促进作用

（1）体育活动有利于幼儿集体观念的形成。对幼儿来说，进入幼儿园如同进入了一个小社会，有了不同的人与环境。在晨练活动中，全年级幼儿在教师的带领下，随着音乐共同排队做同样的幼儿操；在体育游戏中，全班幼儿都扮成小兔子，一起跳跃着采蘑菇，这些有趣的身体活动有利于幼儿形成集体的观念。

（2）体育活动有利于幼儿体验社会中的不同角色。体育活动中的角色游戏，能刺激幼儿对社会中不同角色的认识，例如，在"开汽车"游戏中，体验驾驶员角色；在"坦克兵与投弹手"游戏中，认识和体验战士角色；在救"伤员"游戏中，体验救护员角色等。体育活动中对各种角色的体验，有利于提高幼儿对社会的认知，并为适应未来社会生活奠定基础。

（3）体育活动有利于幼儿学会与他人友好合作，建立良好的伙伴关系。在幼儿园体育活动中，幼儿经常做合作的游戏，这些体育游戏活动不仅增加了个体与同伴交往的机会，而且易于学会与他人友好合作，建立良好的伙伴关系。这种意愿的心理倾向和商量的行为就是友好合作的表现。

（4）体育活动有利于幼儿遵守规则，形成服从集体的团体意识。在体育活动中，幼儿在教师的要求、指导下，自觉或不自觉地要遵守各种活动规则。例如，拿取体育器材时要有顺序，不能争抢，用完体育器材要放回原处；在"运粮"路上，如果碰倒"小树"，

要扶起来再走。这种遵守规则的游戏活动，有利于幼儿从小克服自己的冲动，学会等待和谦让，这对形成遵守规则的良好意识和行为，对认识和适应未来社会生活中的法律与道德规范奠定了良好的基础。

（5）体育活动有利于幼儿竞争意识的形成和发展。在体育活动中，常常伴随着各种竞争，包括个人与个人、集体与集体的竞争。例如，全班一起跳绳看谁跳得最多；全班进行分组，看哪组最先运完"仓库"里的"粮食"等，这些体育竞争活动，不仅有利于幼儿感受集体活动的乐趣，激发他们对参与集体活动的兴趣，更能使他们逐渐了解竞争是集体活动、社会生活中客观存在的事情，使他们形成竞争意识。

案 例 一

在综合区，幼儿分成三组，分别扮成小鹿和小兔子。小鹿出发跑到蹬桶前双脚交替蹬倒各种萝卜，跑到小兔子面前，将萝卜交给小兔子，小兔子双腿夹着萝卜跳着到终点，看哪组萝卜最多为胜，如图1-2所示。

图1-2　游戏比赛

分析与思考

这个案例说明，大班幼儿社会意识已经逐步建立，幼儿在活动中能尽心尽力完成自己的角色任务，由此说明，幼儿的责任意识也在加强。幼儿的自我认识主要来自对周围事物的积极探索和体验，而形式多样的体育游戏在某种程度上，为幼儿自我认识的发展提供了优良的条件。引导幼儿通过扮演不同的游戏角色，尤其是通过对成人行为态度的模仿，来形成真切的社会角色感。这种体验和感受，使幼儿更真切地发现了自我，萌发了自己与集体、社会的关系意识，逐步理解自己的行为方式，促使自我意识的形成，为今后步入社会，成功地履行各种社会角色职责奠定了良好的基础。

案 例 二

　　教师在跳跃区投放了新的玩具材料——五颜六色的"跳箱"，让幼儿自由选择游戏去玩。刚开始，幼儿被五颜六色的"跳箱"所吸引，兴高采烈地参与到"跳箱"的游戏中。可是没一会，他们就选择别的游戏了。教师通过观察，发现幼儿尝试了几次，都没跳过去，脸上露出失望的表情，快快不乐地离开了。

分析与思考

　　通过这个案例，我们发现，此游戏要求幼儿在跳箱时，通过助跑、跳、撑等连贯动作一气呵成，难度较大，幼儿没有成功的体验，自然就不喜欢了。因此，教师要根据情况，降低跳箱的难度，让幼儿先掌握动作要领，在逐步增加难度的同时，丰富游戏情境，就会更适合幼儿水平、兴趣和需要。如果幼儿积极投入游戏，较短时间内掌握了游戏要领，师幼、同伴关系和谐，那么他在活动中就能游刃有余，并且很容易从中获得快乐。如果情况恰恰相反，那么他的情绪就会变得非常消极，不愿意参与游戏，甚至与其他幼儿发生冲突，消极情绪发展到极点就会导致挫败感的产生。例如，在体育游戏"渔夫和鱼"中，扮演"渔夫"的幼儿捉到"鱼"时就会非常兴奋、激动；如果掌握不到捉"鱼"要领，较长时间捉不到"鱼"或捉的不如别人多，他就会变得非常沮丧，游戏兴趣也相应降低。因此，在活动中，要注意观察幼儿的情绪、情感变化，有目的地设计运动游戏，注重运动游戏能给幼儿带来舒畅的情绪、情感体验，培养幼儿的主体意识和活泼愉快、积极向上的精神，使幼儿不良情绪得到合理的宣泄，精神状态达到平衡。

单元四　学前儿童体育活动中的卫生与安全

　　现代幼儿健康科学表明，体育锻炼、卫生习惯、膳食营养和安全是影响幼儿健康发展的一个整体。换而言之，要促进幼儿身心健康发展，就必须把体育锻炼、卫生习惯、膳食营养和安全有机地结合起来，忽视任何一个方面都不可能达到预期的效果。

　　要实现幼儿体育活动目标，做到科学性和有效性，其中一个重要因素就是体育活动要与卫生和安全有机结合，忽略了卫生和安全，不按科学的方法进行锻炼，不仅达不到增进健康、增强体质的目的，还会给幼儿身体和心理的发展带来损害。因此，体育活动中的卫生和安全是科学、有效开展体育活动的前提。

一、学前儿童体育活动中的卫生

　　体育活动中的卫生应遵循以下原则。

1. 循序渐进原则

在幼儿体育活动中，应有计划、有步骤地增加负荷量、活动内容及动作的复杂程度。运动负荷量由小到大，动作由少到多、由易到难，循序渐进地提高要求，避免幼儿因不适应较大的体力负荷或较复杂的动作，而产生过度疲劳或发生运动损伤。

2. 身体全面锻炼原则

在体育活动中，应使幼儿身体的各器官系统、各种基本动作和身体素质都得到全面的锻炼。体育活动的形式和内容应多样化、综合化。对各项活动加以科学的整合，而不宜单一的发展。

3. 区别对待原则

在体育活动中，既要考虑大多数幼儿经过一定努力可以达到活动的目标，又要考虑个别幼儿能力、心理方面的差异，给每个幼儿安排适合其发展水平的活动。

4. 动静交替原则

由于幼儿的身心功能正处在"稚嫩"阶段，不宜进行较长时间的体育活动。因此，在体育活动中，教师要注意使幼儿活动与休息适当交替，做到一日生活的动静交替和一次体育活动的动静交替。使幼儿在活动以后，经过一段时间的休息，身体的机能状态及时得到恢复。

二、学前儿童体育活动中的安全

（一）幼儿园体育活动中存在的安全隐患

1. 外界环境隐患

就现阶段的幼儿所使用的各项体育器材来看，如果说能够将安全工作做到位，则能确保幼儿体育活动的顺利开展。但是因为设备资金等方面的因素，部分学校没有足够的资金购买体育设施设备，所以，一些幼儿使用的是不达标的运动器材。

2. 教师层面隐患

在幼儿体育活动中，体育教师作为体育活动的发起者、组织者，要做好幼儿的安全保障工作。一方面要积极进行热身准备活动，减少幼儿在运动中抽筋、摔倒情况的发生；另一方面，幼儿处于特殊的年龄阶段，在运动中会出现注意力不集中的情况，一不小心就可能出现扭伤等情况，因此，教师要注意开展学生感兴趣的活动，以尽可能吸引学生的注意力。

3. 学生层面隐患

从幼儿层面来讲，由于智力发展尚不成熟，幼儿欠缺一定的安全保护意识，所以，在体育运动中可能无法兼顾自身的安全，部分幼儿常常在相互追逐嬉戏中造成腿部、胳膊扭伤等情况。另外，虽然幼儿穿着宽松的运动服有利于体育运动的积极开展，但是也会在宽

松的口袋中揣入一些硬物类的物品，造成较大的安全隐患。

（二）幼儿园体育活动安全防范对策

1. 鼓励幼儿参与体育活动，丰富幼儿安全知识和经验

应当承认，幼儿参与户外体育活动确实存在一定的危险因素。现实情境中，某些幼儿园为了防止或规避幼儿出现安全事故而压缩、减少幼儿参与户外体育活动的时间，甚至即便教师组织和开展户外体育活动也存在有形无实的情况，最终的目的就是确保幼儿安全、不出差错。显然，这样的举措是不利于幼儿主动、积极地参与户外体育活动并获得关于体育锻炼的基本动作和能力的发展，也无法让幼儿更加深入地理解户外体育活动的规则、价值、安全防范及自我保护的策略。因而，幼儿园应当鼓励幼儿大胆、主动、积极地参与户外体育活动之中，以帮助幼儿获得基本的体育活动锻炼的能力和技巧，增强其对户外环境的适应力。

与此同时，要利用多种形式和机会丰富幼儿的安全知识经验，提升幼儿自我保护的能力。教师可采用案例法、分组讨论及合作学习法，与幼儿共同探讨户外活动出现的常规问题、频发问题及特殊问题；通过观看挂图或安全隐患视频、讲故事、小组讨论、演讲比赛等形式，帮助幼儿对可能产生的危险情境具备正确、理性的认识，掌握基本的应对技能；教师可提前将打印好的关于户外体育活动中常见的安全事故场景图片、发生的实例、预防及解决策略的海报或学习手册放置在阅读区，便于幼儿阅读和讨论，从而丰富幼儿的安全知识和经验。

2. 创建良好的安全活动环境

幼儿园为了确保学生在体育活动中得到更为安全的保障，一方面要购买正规厂家生产的体育设施设备，同时，要确保各项安全防护措施做到位，逐步淘汰一些有问题的设施设备。幼儿园采购这些体育设施设备时，要考虑到班级内部教师与学生的实际需要，同时要考虑到资金情况，合理制订财务采购计划。另一方面，幼儿园还应该委派相关人员及时修理一些运动器材，做到定期维护与整修，这样，可以有效地排除各类体育器材中的安全隐患。除此之外，幼儿园还要组建校园环境设备管理小组，在运动器材安全使用等方面对学生和教师进行积极引导。

3. 开设安全讲座，多途径完善师资队伍建设

3～6岁的幼儿正处于生长发育的黄金时期，骨骼发育尚未成熟，心理素质及应对不安全情境的能力较为薄弱，这在一定程度上是受制于幼儿的身心发展水平。开展户外体育活动的教师在了解现阶段幼儿生理发育状况的同时，更需要找到科学、有效的户外体育活动教学方法和应对幼儿出现安全事故的策略。前者，幼儿园可以安排园内资历深厚的教师给予其指导，并积极联络其他开展户外体育活动的幼教同行，以创建"学习共同体"的形式，促进彼此深入交流和互动，从而提升自己的教育教学水平。对于后者，幼儿园可邀请知名儿童保健专家，为开展户外体育活动的教师讲解幼儿生理发育及保健方面的知识，以帮助教师更加深入、全面地理解幼儿生长发育的规律和特点。户外体育活动的高效实施，

与优秀的幼儿体育教师密不可分。就目前而言，我国幼儿园户外体育师资队伍建设相对贫弱，部分户外体育活动的从业者，并没有经过专业系统的户外体育培训，缺乏户外体育从业经验，实战能力不足。

因此，为完善幼儿园户外体育师资队伍，可坚持"外引"和"内培"相结合的原则，通过灵活、有效的方式积极引进体育活动教师的同时，也应加强他们户外体育活动教学的专业知识和基本技能培训与指导，从理论和实践两个层面共同提升幼儿教师的户外体育活动设计、组织与实施、管理及评价等方面的能力与水平，不断提升其专业素养。

复习思考题

1. 简述学前儿童体育活动的重要性。
2. 体育活动对幼儿社会性的发展有哪些作用？
3. 体育活动对幼儿心理的发展有哪些作用？
4. 幼儿体育活动时，需要注意哪些卫生安全问题？怎样避免安全事故？

基本动作的发展

知识目标

- 掌握学前儿童基本动作的分类。
- 了解学前儿童动作发展的特征。
- 掌握学前儿童动作的常见错误及纠正方法。
- 了解学前儿童动作锻炼价值。

技能目标

- 能够基本掌握基本动作的分类、特征。
- 能够基本掌握学前儿童动作教授与纠正的方法。

素质目标

- 树立科学锻炼的意识。
- 教授过程中注意培养儿童优秀的意志品质。

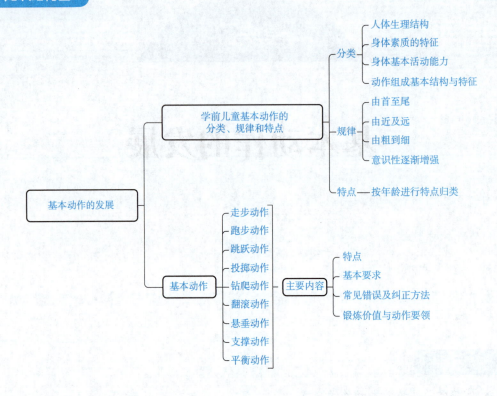

单元一　学前儿童基本动作的分类、规律和特点

一、学前儿童基本动作的分类

按人体生理结构的特征，可分为发展上肢的动作、发展下肢的动作、发展躯干的动作、发展全身的动作等。

按身体素质的特征，可分为发展速度的动作、发展力量的动作、发展耐力的动作、发展灵敏性的动作、发展平衡力的动作等。

按身体基本活动能力的特征，可分为走步、跑步、跳跃、投掷、攀登、钻、爬等。

按动作组成的基本结构与特征，可分为周期性动作，其特点是不断地循环某些基本的技术动作，如走步、跑步、爬行等动作；非周期性动作，是由几个相互衔接的动作环节连接而形成的一个完整、独立的动作，如投掷、侧面钻等动作。

二、学前儿童动作发展的规律

（1）由首至尾：幼儿最先学会的是头部动作，如抬头、转头，然后是俯撑、翻身、坐和爬等躯干动作，接着是使用手和臂，最后才学会直立、行走、跑跳等腿部和足部的动作。

（2）由近及远：幼儿最早发展的是身体中部的动作，如头和躯干的动作，然后才是臂部和腿部有规律的动作，接下来是腕和手的动作。

（3）由粗到细：幼儿先学会运动幅度较大的动作，如全身舞动、腿和手臂的大肌肉动作，然后才逐渐掌握手和脚的精细动作，如拍球、搭积木等。

（4）意识性逐渐增强：随着幼儿的成长，其动作的发展越来越多地受心理和意识的支配。

三、学前儿童动作发展的特点

3～6岁学前儿童动作发展的特点见表2-1。

表 2-1　3～6岁学前儿童动作发展的特点

年龄阶段	动作发展的特点
3～4岁	能身体正直、手脚协调地走路；能按指定的方向走；能走、跑交替行进100米；能快跑追上移动目标；从较高处跳下能保持身体平衡；能学会拍大皮球，会滚球、接球；能在游戏场的攀登架上爬上爬下
4～5岁	能走得自然、协调，步幅均匀；能快跑，跑着追人玩耍；能走、跑交替行进200米；能双脚向前跳得很远；能往高处跳；能把小石子、飞镖等投出很远；能闭眼转圈
5～6岁	走步姿势正确；能快跑，跑时能躲闪，跑得协调；能走、跑交替行进300米；会大步跨跳；会跳"房子"、跳绳、跳橡皮筋；平衡能力较强，能闭眼单脚站立，能闭眼向前走；能在有间隔的砖或木块上行走；能把小石子、沙包、小皮球等投出很远，并能投得准；会拍球、踢球，也能边跑边拍球和边跑边踢球

单元二　走步动作

走步是人们生活中所必需的动作，是人体最基本、最自然的移动方式，是人类最基本的生活技能和运动技能。一般情况下，幼儿在一岁左右时就开始学习走步，幼儿园阶段是幼儿形成自身走路特征的关键时期，为此需要引起重视。在幼儿园体育活动中，开展适宜的走步游戏，发展幼儿的走步能力，培养幼儿正确的走路姿势，避免如"内、外八字"脚等错误的动作姿态。

一、不同年龄段幼儿走步的特点

由于受到肌肉控制能力、视动整合能力、神经系统的成熟度等各种因素影响，不同年龄段的幼儿有着不同的走步特点，具体内容见表2-2。

表 2-2　各年龄段幼儿的走步特点

年龄阶段	走步特点
3～4岁	能初步控制走步方向，能平稳、熟练地走步，步幅小且不稳定，摆臂幅度小，膝关节灵活性较差，上下肢配合还不够协调，转动不灵活，注意力较易分散，调节节奏、步幅的能力较差
4～6岁	步幅较稳定，上下肢配合协调，个人走步特点已初步形成，调节节奏能力稍差，注意力易分散
5～6岁	走步自然放松、平稳协调，排队时能较好地保持队形并能掌握多种变化队形的方法，步幅已增至50厘米左右，能掌握多种走步技能

二、走步动作的基本要求

（1）走步时身体自然放松，上体保持正直，头正、脚尖正，身体自然挺胸，两眼平视，两臂放松，以肩为轴前后自然摆动，向正前方抬腿。

（2）走步时应保持合理而稳定的行进节奏，步幅大小适宜，步频适中。

（3）走步时重心要稳，避免上下起伏或左右摇摆。

（4）走步时两臂前后自然摆动，向前摆臂时肘关节稍屈。

（5）走步时落地要轻，脚跟先着地，然后自然滚动至前脚掌，前脚掌扒地向前，依次交替。

三、走步常见的错误动作及纠正方法

（一）走步常见的错误动作

走步常见的错误动作主要有：内、外八字脚；抬脚过高；落地过重；摆臂紧张，幅度过大或过小；上下肢不协调；低头含胸，上体摇晃；步幅过小。

（二）纠正方法

（1）内、外八字脚。应经常提醒有此错误的幼儿走步时脚尖朝前，同时，采用脚内侧踢毽子、两脚内扣站立、沿着一条直线向前走等方法进行纠正。

（2）抬脚过高。走步时，教师可经常提醒幼儿向前迈步的正确方法；排队走路时前后间距稍大，避免脚触碰到前面的小朋友等。

（3）低头含胸，上体摇晃。教师首先讲清楚走路时的正确姿势，然后自己或请走步比较规范的幼儿做示范；其次，经常提醒幼儿走路时要抬头、挺胸，还可借助矫正背带对走路有不良姿态的幼儿进行矫正。

四、不同走步形式的锻炼价值与动作要领

走步的形式有很多种，如自然走、侧身走、前脚掌走等。教师可根据幼儿的需要和教育的目标，选用适宜的走步形式对幼儿的身体进行全面锻炼，具体内容见表2-3。

表 2-3　不同走步形式的锻炼价值与动作要领

走步形式	锻炼价值	动作要领
自然走	促进身体形态发展，全面锻炼身体	动作要自然放松，上体保持正直；有合理而稳定的节奏；两臂适度前后摆动；脚落地要轻；脚尖方向向前，两脚落于同一直线的两侧
螃蟹走（侧身走）	发展动作的协调性、灵敏性，以及快速反应能力	侧身行走，一只脚跟着另一只脚一步一步向侧面移动
前滑步走	发展动作的协调性、灵敏性等	向前进方向滑步，一只脚紧跟着另一只脚快速移动
前脚掌走	增强小腿及脚掌力量，发展平衡能力	脚跟尽量提起，直腰、挺胸、步幅小
后脚跟走	发展平衡能力	步幅要小，落地要轻，支撑腿稍屈，两脚跟间距稍宽
高抬腿走	锻炼大腿屈肌力量、髋关节柔韧性和灵活性	在自然走步的基础上，不断加大手臂摆动的幅度及下肢屈膝抬腿的高度；手臂直臂摆高平行于地面；屈膝，大腿平行地面呈高抬腿动作
后踢腿走	发展膝关节灵活性、柔韧性和屈小腿肌肉力量	后踢腿膝关节放松，动作要快，上体正直
蹲着走	锻炼膝关节肌周围韧带，发展下肢肌肉力量与肌肉耐力	双腿全蹲，步幅要小，重心前移时不要站起，走的距离不要长
弹簧走	发展下肢力量、踝关节灵活性，培养动作的韵律感	脚尖先着地然后柔和地过渡至全掌，膝部随之做弹性屈伸，同时支撑腿前摆伸出，上体保持正直，眼向前看，两臂自然摆动
后退走	锻炼腰背和大腿后侧肌肉，发展本体感和控制身体运动方向的能力	步幅小，上体正直，注意依靠肌肉感觉和控制身体运动方向的能力
持物走	提高控制身体的能力和动作的协调性	推、拉、背物走时上体前倾，单手提物和单肩扛物时上体应向一侧倾斜
协同走	发展集体走步能力，培养协同习惯和集体注意力	集中注意力协同一致，善于调节个人的步频和步幅
模仿动物走	发展走步能力，发展模仿、创新等能力	模仿要在观察和熟悉模仿对象的基础上做到动作模仿形象

单元三　跑步动作

　　跑和走一样，是人们日常生活中最基本的活动技能。跑和走的最大区别在于，跑时有一瞬间的腾空，属于周期型的全身运动，是幼儿进行身体锻炼的最简单且有效的运动手段。

一、不同年龄段幼儿跑步的特点

随着幼儿年龄的增长，其跑步动作和能力得到不断的发展和提高，逐渐达到跑步姿势基本正确，蹬的动作比较有力，跑步时已有明显的腾空阶段，控制跑的速度、方向等能力也有了显著的提升。不同年龄段的幼儿有着不同的跑步特点，具体内容见表2-4。

表2-4　各年龄阶段幼儿的跑步特点

年龄阶段	跑步特点
3～4岁	（1）步幅小而不均匀，幼儿控制跑动方向的能力较差，直线跑不直，跑动中改变方向费力而迟缓； （2）启动和制动较慢；跑的稳定性有了明显提高，但稍有碰撞或地面不平时容易摔倒； （3）跑的耐力差；缺乏速度意识和竞赛意识，对自己跑速进行调节的意识也较弱
4～5岁	（1）跑步能力发展迅速，跑的技能、速度和耐力及心理素质方面都有明显的进步； （2）跑速、步幅都快速发展，对胜负开始关注
5～6岁	（1）速度意识和竞赛意识很强，对胜负的情绪反应较强； （2）跑中能够有意识地克服疲劳，表现出较强的意志力，跑步的目的性比较明确

二、跑步动作基本要求

（1）跑步时，强调腿、脚的后蹬力量。

（2）跑步时，上体保持正直并稍向前倾，眼向前看，两手轻轻握拳，两臂屈肘于体侧前后自然摆动。

（3）跑步时，强调两臂的自然摆动。

（4）跑步时，强调合理的呼吸配合，呼吸要自然而有节奏。

三、跑步常见的错误动作及纠正方法

1.跑步常见的错误动作

跑步常见的错误动作主要有：外八字脚跑；重心过低，蹲着跑；重心过于向前，前倾过大；整个脚掌着地，落地过重；摆臂幅度过小，摆臂时左右摆动；低头含胸或仰头挺胸，上体摆动；步幅过小；两脚分得过大。

2.纠正方法

（1）上体过于前倾或后仰：幼儿做原地摆臂或弓步下振练习，注意躯干的正确姿势；跑步时教师要注意提醒幼儿眼看前方。

（2）跑的路线不直：教师可要求幼儿一个跟着一个跑；跑窄道或朝指定方向跑；踩直

线跑和踏着脚印跑。

（3）耸肩、摆臂僵硬：教师应及时提醒幼儿自然、放松、大步跑；纠错时少做接力赛或其他形式的赛跑。

四、不同跑步形式的锻炼价值与动作要领

跑步的形式是多种多样的，教师可以选择多种形式对幼儿的身体进行全面的锻炼，具体见表2-5。

表2-5　不同跑步形式的锻炼价值与动作要领

跑步形式	锻炼价值	动作要领
短距离直线跑	发展速度和灵敏性	向后蹬地要有力，向前摆腿方向正，幅度大，髋膝放松；落地轻；两臂屈肘前后自然摆动，躯干正直稍前倾；抬头，眼向前看；呼吸自然
侧身跑	发展身体控制能力	在跑步时，头部和上体转向侧面，脚尖朝着跑步方向；跑步时，既要保持奔跑速度，又要保持身体平衡
跑跳步	发展肌力、瞬间爆发力及动作的协调性	一只脚踏跳，另一只脚抬跑，双手随着脚的动作做规律的摆动
圆圈跑	发展速度，调节跑动方向与平衡能力	整个身体向内稍倾斜，不要斜着上身跑；脚要贴近圆圈里线
往返跑	发展速度和灵敏性	到达转弯处前放慢速度，上体正直或稍后仰，后腿蹬力稍小；然后转体，重心移至转身的前脚，继续跑动
追逐跑、躲闪跑	提高速度、灵敏性和快速反应能力，发展耐力素质	身体需快速启动，快速急停；注意观察周围环境，并做出迅速反应，躲避来人或物体
接力跑	发展快速反应能力和耐力素质	传接时两人要错开身体，避免碰撞；传接均用右手
持物跑	增加运动负荷，帮助幼儿掌握持物移动的能力	持物方法要便于用力，全身承受负荷，注意保持平衡；单手提物或单肩扛物时，上体应向异侧倾斜；背物时，上体应向前倾斜；持物跑时，步幅要小，步频要高，重心起伏要小
后踢腿跑	发展腿后侧肌群力量和膝关节灵活性	跑时有意后踢小腿，前摆幅度小，膝部放松，步幅小，步频高，前脚掌先着地
后退跑	发展大腿后侧和背部肌群	腿后摆方向要正，脚尖先着地，上体正直，集本体感和眼看前方固定目标，控制后退方向
模仿跑	发展模仿、审美、创新等能力	模仿要在观察和熟悉模仿对象的基础上，做到动作模仿到位，如"螃蟹跑"

单元四 跳跃动作

跳跃动作也是幼儿较早掌握的一项基本动作技能，是幼儿最喜欢的体育活动之一。跳跃是两腿用力蹬地，使身体腾起一定的高度和远度，然后轻轻落地的一种非周期型动作。双腿跳技能，幼儿学会及进入熟练阶段的年龄区别不大，都在两周岁左右；而单腿跳各阶段动作的发展女孩早于男孩，但是幼儿阶段跳跃技能还没有很好地形成，幼儿时期是跳跃技能发展的重要时期。跳跃动作可以发展幼儿的腿部力量、弹跳能力及身体的灵活性、稳定性、协调性和平衡能力，对于幼儿的视觉能力发展也有益处。

一、不同年龄段幼儿跳跃的特点

随着幼儿年龄的增长，其身体和体能得到不断的发展和增强，幼儿的跳跃能力快速提高，慢慢掌握了一些跳跃的基本动作，还学会了一些较复杂的跳跃动作。不同年龄段的幼儿有着不同的跳跃特点，具体内容见表2-6。

表 2-6 各年龄阶段幼儿的跳跃特点

年龄阶段	跳跃特点
3～4岁	（1）起跳时蹬伸意识较差，蹬地力量薄弱，摆臂与蹬地动作脱节； （2）落地的缓冲意识差，往往会出现落地不稳的情况； （3）跳跃的距离近，该阶段幼儿主要进行双脚连续跳跃练习
4～5岁	（1）该阶段幼儿跳跃的远度增长较快； （2）能较熟练地掌握徒手或持轻器械的单双脚跳，而且跳跃动作基本协调
5～6岁	（1）起跳时摆臂和蹬伸动作配合协调，跳跃节奏稳定，落地能够屈膝缓冲，保持身体平衡； （2）该阶段幼儿能掌握多种跳跃方法，可以进行跳绳、跳圈、助跑跨跳等复杂的跳跃活动

二、跳跃动作的基本要求

（1）无论哪种形式的跳跃都包含了准备、起跳、腾空、落地四个阶段，其中，起跳和落地是重点，要求起跳时两腿要充分蹬伸，落地时屈膝缓冲。

（2）跳跃准备时，要双脚自然开立，屈膝半蹲，上体前倾，两臂后摆。

（3）起跳时，强调全身协调用力，不但要求下肢快速地屈伸，同时还要求上肢摆动与腰腹屈伸的协调配合。

（4）落地时，动作要轻且协调，脚跟着地，屈膝半蹲，上体前倾，两臂自然放下，保持平衡。

三、跳跃常见的错误动作及纠正方法

（一）跳跃常见的错误动作

跳跃常见的错误动作主要有：起跳向上屈大腿或向后屈小腿；蹬伸不充分；上下肢不协调，上肢不能配合下肢的跳跃；落地过重，不能屈膝缓冲；落地时不能保持平衡等。

（二）纠正方法

（1）蹬伸不充分，可向上屈大腿或向后屈小腿跳；落地不能屈膝缓冲，幼儿练习前，可由教师示范正确的跳跃动作。

（2）起跳时腿蹬伸不充分，两腿蹬伸用力不同，不会摆臂助跳，可让幼儿练习纵跳摸高，向前跳时用手触摸身体前方的绳子或教师的手。

（3）起跳高度不够，可让幼儿练习原地纵跳触物，原地双脚跳过一定高度的障碍物，原地双脚连续跳过一定高度的障碍物，助跑纵跳触物等。

（4）起跳时双脚蹬地的力量不均匀和两脚不能同时落地，教师可指导幼儿练习双脚向前和向上跳的动作，要求幼儿落地时要两脚同时落地，两臂前平举以维持平衡；还可进行双脚夹沙包练习。

（5）落地重，落地后停顿，可要求幼儿轻轻地跳，不要太用力，落地后不能马上停下来，要继续向前跑几步。

四、不同跳跃形式的锻炼价值与动作要领

跳跃的形式是多种多样的，教师可以选择不同的形式对幼儿的身体进行全面锻炼，具体见表2-7。

表 2-7　不同跳跃形式的锻炼价值与动作要领

跳跃形式	锻炼价值	动作要领
原地纵跳	增强腿部肌肉力量，发展弹跳能力	预备：腿稍屈，臂后摆，上体稍前倾。 起跳：臂上摆，腿蹬直。 落地：前脚掌先着地，屈腿，上体稍前倾
纵跳触物	提高协调能力、视觉运动能力，发展弹跳能力	动作同原地纵跳，注意观察物体位置
立定跳远	提高弹跳能力、下肢爆发力，发展协调能力	预备：腿微屈，臂后摆，上体稍前倾，可弹动一次。 起跳：腿蹬直，臂向前上摆，展体，使身体向前上方跳出。 落地：重心由脚后跟过渡到前脚掌
双脚连续向前跳	发展弹跳能力和下肢力量耐力与协调能力，以及动作节奏感	预备：腿微屈，臂垂于体侧。 起跳：蹬腿，臂向前上方摆，使身体向前跳出

续表

跳跃形式	锻炼价值	动作要领
双脚左右（在直线两侧）行进向前跳	发展弹跳能力、身体控制能力及力量耐力	起跳时，身体稍转向右，落地时在原位右前，然后起跳至左前，两脚同时起跳、同时落地
双脚向上（小台阶）	提高弹跳能力和发展下肢爆发力	动作同原地纵跳，注意落地要稳
双脚向下跳	发展平衡素质和力量素质	直接向下跳时，腿要蹬伸或直接下落；落地时腿弯曲稍大，注意平衡，跳的要领基本同"向上跳"，但落地时腿应伸屈，起跳时眼勿着地
（连续）侧跳	发展弹跳能力和灵敏素质	起跳蹬腿、摆臂、展体均同"向下跳"，但用力方向侧面，例如，原地左右侧跳时，起跳后，靠侧摆髋和腿，使两脚向两侧连续移动
助跑跨跳	发展弹跳力，掌握单脚起跳和单脚落地动作，发展深度知觉和力度知觉，提高调节步幅能力	助跑：距离4～5步，中等速度跑，不减速，不倒步。起跳：蹬腿要快速、有力、充分，摆臂方向正，幅度大。落地：轻柔并继续向前跑几步，不要有停顿
单双脚轮换跳、单双脚交替跳、双脚开合跳	发展灵敏性和协调性	开合跳：轻轻跳起来，双脚往外的同时双手往上拍（有动作即可，无须拍手）。归位时，双脚合并，双手回归两侧
转身跳	发展身体控制能力和平衡能力	双脚跳起向左或向右转身180°后落地
蹲跳	发展弹跳力、身体的平衡能力	两脚稍分开呈半蹲状，上体稍前倾，两臂屈肘于肩侧，接着两腿用力蹬伸，同时两臂迅速上举，身体向前上方跳起，用全脚掌着地，屈膝缓冲
跳山羊	发展弹跳力、灵敏素质和平衡素质	助跑：同"助跑跨跳"；上板（起跳点）步子要小，离地很低，速度要快。起跳：双腿同时用力蹬地，摆臂展体；腾空跳起后双手推跳箱面，同时两腿左右分开，上体前倾。落地：将落地时，双腿并拢，两脚同时落地，屈腿，上体稍前倾，两臂上举或前举，帮助保持平衡
跳绳	发展弹跳力和灵敏素质	握绳要松，摇动时手腕要活，摇绳与跳起要协调，跳跃时要多用脚掌和脚腕力量，腰要直，肩要松，眼要向前看
夹包跳	发展腿部爆发力、灵敏素质和平衡能力	要用脚趾内侧夹包的一角，用蹬腿、摆臂、提腰力量跳起，快速屈腿，用脚腕将包甩出；落地要屈腿缓冲
协同跳	促进跳跃能力、协同意识、注意力，以及调节动作节奏、速度能力的发展	注意力集中，动作节奏、速度和幅度要一致
蹲撑跳	发展弹跳力、屈腿力量和臂的支撑力量	蹬腿、收腹、屈腿，使双脚落于两手之间，成蹲撑，然后双手前移成俯撑，继续跳蹲撑，然后双手前移成俯撑，继续跳进

单元五 投掷动作

单从概念来看，投掷是将物体投向一定距离的动作，是典型的非周期型动作。投掷能有效地发展幼儿的大肌肉群，也能发展腕、指等小肌肉群，还可以发展幼儿身体动作的灵活性和协调性，在投远和投准环节可以结合视觉能力，发展幼儿的判断力和目测力。投掷教学一般先教幼儿初步掌握一些最简单的抛、接、滚、拨等动作，在此基础上再教肩上投掷动作。

一、投掷动作的特点

幼儿早期投掷动作的特点是肌肉力量弱，投掷力量小，投掷能力较差，身体各部位协调配合不好，不太会挥臂，投掷物出手角度及投掷方向掌握不好，忽左忽右、忽上忽下。通过在游戏中的练习及指导，幼儿在四五岁以后，投掷能力有了较好的发展，可以通过传球、接球、拍球、肩上投掷等动作，逐步学会挥臂、甩腕等动作，动作比较协调、有力，投掷方向掌握较好，投掷距离也较远，肩上投掷出手角度普遍偏小。男、女幼儿投掷能力有明显的差异，一般男孩比女孩投掷能力要强一些。由于幼儿目测能力和动作的准确性较差，所以，幼儿投准的稳定性较差，投准能力发展相对较差。

幼儿投掷动作一般包括投远、投准两大类。具体动作可采用双手抛投、单手抛投；可以正面投，也可以侧面投。投远属于速度型力量动作，其目的是将投掷物尽可能投得远一些。这不仅需要身体各部位肌肉力量的协调配合，而且还必须掌握好物体出手的角度和时机，才能将物体投远。对幼儿来说，掌握投远动作比较困难一些。

不同年龄段的幼儿投掷动作能力发展特点见表 2-8。

表 2-8 各年龄段幼儿的投掷动作能力发展特点

年龄　　　动作	投掷
3～4岁	投掷动作对于 3 岁的学前儿童来说，是几项基本动作技能中发展最欠缺的，对于挥臂、甩腕、投掷的时机把握不准确，不能很好地协调投掷的方向、速度和力度（能够双手上方投掷、后抛球、远处挥臂投掷）
4～5岁	能肩上挥臂投掷小沙包，能自抛自接低球或两人近距离互抛互接大球（单手肩上投掷、双人相互投掷）
5～6岁	能半侧面单手投掷小沙包等轻物，会肩上挥臂投掷轻物并投准目标（能够协调投掷、各个方向投掷）

二、基本要求

投掷动作属于非周期型动作，投掷动作通常可分为两类，一类是掷远，另一类是掷准。

（1）掷远。掷远，也称为投远，其目的是要将投掷物尽可能投得远一些，这一动作属于速度型力量动作。一方面需要用力投掷；另一方面，在挥臂、甩腕时动作要快，这样才能获得较大的爆发力，从而使物体能掷的较远。

学前儿童掷远的动作有多种，如正面投、背后过肩投、半侧面转体肩上投掷。较理想的投掷动作是半侧面转体肩上投掷。可以根据学前儿童的年龄和能力特点，由易到难地进行学习和锻炼，对于学前儿童掷远动作的教学重点和难点是挥臂动作与转体动作。

（2）掷准。掷准，也称投准，要求尽可能地将投掷物击中指定的目标。掷准动作不仅需要一定的肌肉力量，而且更需要具有良好的目测能力及动作的准确性。因此，掷准的动作比掷远的动作相对要难一些。学前儿童掷准的动作也有多样，如肩上投、胸前上抛、胸前下抛，还有地上抛滚球等。

单元六　钻爬动作

在日常生活中钻和爬是一种很实用的动作技能，也是锻炼幼儿身体的良好手段。这个年龄段正是幼儿好奇心和探索欲望强的一个阶段，为此，我们在体育活动中可以借助丰富的运动器材及动作形式来满足幼儿钻和爬的好奇心与运动欲望。

一、钻爬动作的特点

钻是紧缩身体从较低的障碍物下通过的一种动作。但是，由于幼儿的空间感知能力和判断能力较差，有时还不能较好地运用屈腿、弯腰和紧缩身体的动作，所以往往不能迅速、准确地通过障碍物。随着年龄的增长和经验的丰富，以及动作和能力的发展与提高，大班幼儿已能比较灵敏、协调、正确地钻过各种障碍物。

爬是幼儿最早掌握的身体移动方式，也是幼儿非常喜爱的一种身体活动。当幼儿七八个月大时，便开始用腹部着地爬，并逐渐学会了手膝着地爬。幼儿时期，手膝着地爬的动作一般掌握得比较好，动作也比较灵活、协调，而手脚着地爬及爬越的动作显得有些笨拙，但经过多次练习后，做这类动作也能变得比较灵敏、协调。

二、钻爬动作的发展特征

钻爬动作的发展特征见表 2-9 和表 2-10。

表 2-9　幼儿钻动作的发展

年龄阶段	发展特征
3～4 岁	已能基本掌握正面钻的要领，但过程中还不能较好地做弯腰、紧缩身体的动作
4～5 岁	正面钻的动作掌握得较好，基本上学会了侧面钻的动作，但两腿在屈与伸的交替动作方面，有时还不够灵活
5～6 岁	基本掌握各种钻的基本动作，能有意识地做弯腰、紧缩身体的动作，准确地钻过各种障碍物

表 2-10　幼儿爬动作的发展

年龄阶段	发展特征
3～4 岁	除协调地掌握了手膝着地的爬行动作外，爬越及手脚着地爬却显得有些笨拙
4～5 岁	除协调地掌握手膝着地的爬行动作外，爬越及手脚着地爬也较熟练，能够以手脚并用的方式安全地爬登架、网等
5～6 岁	能够以匍匐、膝盖悬空等多种方式钻爬

三、钻爬动作的动作要领

（1）正面钻。正对障碍物，屈膝、弯腰、下蹲，一条腿支撑，另一条腿和头先钻过，然后躯干和支撑腿过障碍物。

（2）侧面钻。侧对障碍物，下蹲，一条腿向障碍物下伸出，低头、弯腰，然后前移重心、转体过障碍物。

重点：低头、重心前移。

要求：低头、屈腿、重心前移时动作要连贯。

（3）手膝着地爬。手膝着地、头稍抬起，眼向前看，左（右）手和右（左）膝协调配合用力向前爬行。

（4）手脚着地爬。双手撑地、两腿稍屈膝、头稍抬起，眼向前看，左（右）手和右（左）脚协调配合用力向前爬行。

（5）匍匐爬。预备时俯卧，右手臂弯曲约 90° 放在胸前的垫子上，同时，左腿外张并屈膝贴在垫上，右腿伸直，然后右手和左腿同时用力向前爬行，身体贴在垫上前进，接着左手屈肘，右腿屈膝，动作同上。

（6）侧身爬。以右侧为例，身体的右侧面着垫，右手臂屈肘小臂支撑在垫上，左手放在左侧腿上或左手撑在胸前的垫子上，两腿屈膝，前进时以右手臂和左腿、脚蹬地同时用力。

重点：手脚配合。

要求：四肢配合协调。

四、钻爬常见的错误动作及纠正方法

（1）手扶障碍物。

纠正方法：可让幼儿观看正确示范，也可请做得比较准确的幼儿示范。

（2）钻时背弓太高，不会低头，上体过早抬起。

纠正方法：教师可轻扶其头部或背部，以帮助体会动作要领。

（3）出现顾头不顾身、弯腰不弯腿等不协调的现象。

纠正方法：教师可站在障碍物旁边提醒和帮助幼儿，也可采用专门的游戏练习。例如，采用"火车钻山洞""猫捉老鼠"等游戏进行练习。

（4）手脚爬行时两腿没屈膝。

纠正方法：教师做正确的示范，可在旁边用语言提示幼儿动作要领，放慢速度帮助幼儿做动作。

（5）手脚配合不协调。

纠正方法：可让幼儿观看正确示范，强调要求不同侧的手和脚协调配合向前爬。

五、钻爬的动作形式、发展能力及动作要领

钻爬的动作形式、发展能力及动作要领见表 2-11 和表 2-12。

表 2-11　钻的动作形式、发展能力及动作要领

动作形式	发展能力	动作要领
正面钻	发展平衡能力、柔韧性，增强腿部的肌肉力量	身体面对障碍物，屈膝下蹲，低头弯腰，紧缩身体，慢慢移动双脚
侧面钻	发展动作的灵敏性和协调性	身体侧对障碍物，离障碍物远的腿蹲下，离障碍物近的腿向障碍物下伸出，低头、弯腰，然后蹬后腿、屈前腿、前移重心，同时转体钻过障碍

表 2-12　爬行的动作形式、发展能力及动作要点

动作形式	发展能力	动作要点
手膝着地爬	增强四肢肌肉力量和躯干肌肉力量，发展动作的协调性	手膝着地、头稍抬起，眼向前看，左（右）手和右（左）膝协调配合用力向前爬行
手脚着地爬	增强四肢肌肉力量，发展动作的灵活性和平衡性	主要依靠蹬伸腿和异侧臂后推力量推动身体前进。爬时仰头向前看
坐爬	增强四肢肌肉力量和躯干肌肉力量，发展动作的协调性	先成坐姿，爬行时双臂撑地，臀部提起，前移至脚跟。然后双脚和双手前移，连续向前爬行。向后爬行时动作方向相反
曲身爬	增强四肢肌肉力量和躯干肌肉力量，发展动作的协调性	手脚依次前移使身体屈伸前进，屈时手脚应尽量靠近，腿臂伸直
匍匐爬	增强全身肌肉的力量	预备时俯卧，右手臂弯曲约 90° 放在胸前的垫子上，同时，左腿外张并屈膝贴在垫上，右腿伸直，然后右手和左腿同时用力向前爬行，身体贴在垫上前进，接着左手屈肘，右腿屈膝，动作同上

单元七　翻滚动作

翻滚动作有助于幼儿前庭功能的发展，同时提高上下肢的协调配合能力，增强身体腰腹肌的力量。根据幼儿身体参与的程度，可分为主动翻滚和被动翻滚，一般以主动翻滚为主。被动翻滚包括在滚筒中身体翻滚，而主动翻滚是幼儿自己翻滚身体。

一、翻滚动作的特点

翻身（仰卧到俯卧）是婴儿最早的翻滚动作，六个多月的婴儿已逐渐学会翻身打滚，即翻滚。随着年龄的增长和动作的发展，幼儿期已逐步掌握向一侧连续翻滚，并能学会仰卧抱腿、团身前后翻滚。幼儿非常喜欢在床上、地毯上、席子上或草地上翻跟头，大多是自发性练习，但是动作不灵活、翻滚不熟练、方向不正。

二、翻滚动作的发展特征

不同年龄段幼儿翻滚动作的发展见表 2-13。

表 2-13　各阶段幼儿翻滚动作的发展

年龄阶段	动作的发展
3～4 岁	能初步掌握简单的翻身动作，但是一侧连续翻滚还不太熟练，翻滚速度慢
4～5 岁	能进行两侧来回连续翻滚，但是容易滚偏
5～6 岁	逐步掌握各种翻滚动作，如团身翻、侧身连续翻，开始尝试挑战前滚翻动作

三、翻滚动作的动作要领

幼儿身体伸直平卧在垫子上，两臂交叉放于胸前或两臂伸直放于体侧。侧翻滚是身体向左或向右直体翻滚。幼儿园常以左右翻滚和侧滚翻为主，幼儿在熟练掌握翻滚的动作后，在教师会保护的前提下，幼儿可以尝试在一定坡度的斜面进行向下前方滚翻的动作。

四、翻滚常见的错误动作及纠正方法

（1）身体翻滚不起来或翻滚速度慢。

纠正方法：教师可以在旁边推动幼儿肩部、髋部来帮助其翻滚，也可以提供坡度较小的斜坡让幼儿感受身体翻滚。

（2）身体姿势导致滚歪。

纠正方法：教师在旁边给予帮助，同时防止滚到垫子外面。

（3）前滚翻的方向不正，由于两臂撑垫力量不均或头放偏造成。

纠正方法：应强调练习者于翻滚方向偏的一侧手臂用力撑垫，并在保护者的帮助下慢做体会要领，也可以做前滚翻直腿坐。

（4）前滚翻的翻滚速度慢，团身不紧。

纠正方法：在海绵垫正上方拉一根高 35～40 厘米或更低高度的橡皮筋，要求练习过程中不能触碰橡皮筋，体会团身动作要领。

（5）前滚翻时头顶垫子。

纠正方法：练习低头，使下颌紧贴前胸，在向前翻滚时教师手掌托住其颈部，托其臀部。

五、翻滚动作形式、发展能力及动作要点

翻滚动作形式、发展能力及动作要点见表 2-14。

表 2-14 翻滚动作形式、发展能力及动作要点

动作形式	发展能力	动作要点
侧身翻滚	发展平衡、协调能力	幼儿身体伸直平卧垫子上，两臂交叉放于胸前或两臂伸直放于体侧，身体向左或向右直体翻滚
团身前后翻滚	增强腰腹部肌肉力量，发展动作的平衡能力	背对翻滚方向蹲撑低头，膝靠胸部，起踵，两手两脚用力推、蹬垫，向后翻滚，同时两手抱小腿，尽量团身，用臀、腰、肩、颈部依次着垫，当头的后部触碰到垫子时，立刻用两手压小腿往回滚，恢复成预备姿势
团身左右翻滚	发展肌肉力量、平衡能力	以肩、腰、髋部翻转的力量带动身体向侧翻滚
前滚翻	发展灵敏、柔韧、协调素质，提高动作的平衡能力和空间感知能力	面对垫子成蹲撑姿势，两手放在体前，低头含胸，身体向前倒时腿用力蹬推，使头、颈、背、腰、臀依次落垫，当背部着垫时，迅速屈小腿，当臀部落垫时使上体与膝部靠紧，团身屈膝盘腿，两手抱小腿，向前滚翻成蹲立

单元八　悬垂动作

悬垂是体操动作之一，是指人体肩轴低于器械轴并对握点产生拉力的一种静止动作。悬垂动作是日常生活中实用性较强的一种身体活动技能，深受幼儿喜爱。它的熟练程度和速度都会随着年龄与运动经验的增长而发展。幼儿悬垂活动既可以增强上下肢、腰腹、背

部肌肉力量的发展和空间知觉、体位知觉能力，提高幼儿灵敏、协调和平衡能力等身体素质，也可以培养幼儿勇敢、顽强的良好品质，是锻炼和提高身体素质的良好手段。

悬垂，过去常常被人们视为禁区。例如，最常见的婴幼儿脱臼状况的出现，但是实践证明，有计划地、科学地进行悬垂练习，不仅可行，而且有利于增强幼儿上肢及肩部肌肉、韧带的韧性，防止由于猛力牵拉而造成肩关节脱臼现象的发生，更有利于促进幼儿的生长发育。

一、悬垂动作的动作要领和动作特点

幼儿的悬垂动作，一般是由混合悬垂开始。例如，当幼儿在攀登架上玩耍时，常常用两手握横木、两脚蹬横木，身体成蹲悬垂；或两手握横木，两腿穿过横木成仰卧悬垂。由于幼儿的空间感知能力、判断能力和协调性较差，肌肉力量较弱，所以持续时间短，容易疲劳。随着年龄的增长和动作的发展，幼儿在攀登架上常常只用两手握横木，全身悬空于器械轴下方，形成单纯悬垂动作。幼儿虽然比较喜欢做悬垂动作，但该类动作练习时间要短，尽量在自然状态下以游戏的形式进行。练习时，既要避免肌肉疲劳，又要加强保护与帮助，避免伤害事故的发生。

悬垂动作要领：两手同时正握单杠或平梯的横杠，两手虎口相对握杠，距离稍宽于肩，身体自然下垂，处于悬吊状态，并保持一段时间；放手下来时，要轻轻落地，最好有屈膝缓冲。不同年龄段悬垂动作的发展见表 2-15。

表 2-15　各阶段幼儿悬垂动作的发展

年龄阶段	动作发展
3～4 岁	能初步双手进行短暂悬垂
4～5 岁	能进行双手单杠双杠摆动
5～6 岁	能初步进行双手双杠向前移动或杠上翻转

二、悬垂常见的错误与纠正方法

（1）抓握不稳，没有五指握住杠。

纠正方法：一方面加强五根手指力量的练习；另一方面教师在旁边给予帮助，双手握住幼儿的双腰稍微用力向上提。

（2）落地时身体失去重心，屁股着地。

纠正方法：教师示范正确动作，同时教师在旁边给予纠正，让幼儿双腿下垂并以前脚掌落地，屈膝缓冲。

（3）摆荡时掉下。

纠正方法：摆荡幅度不能太大，教师在旁边适当控制幼儿的摆荡幅度，并做好安全保护。

三、悬垂动作形式、动作能力及动作要点

悬垂动作形式、动作能力及动作要点见表2-16。

表2-16　悬垂动作形式、动作能力及动作要点

动作形式	动作能力	动作要点
直体悬垂	发展上肢力量及手腕力量	双手手指紧握单杠，身体下摆垂直放松
屈腿悬垂	发展上肢力量、腰腹力量和身体控制能力	双手手指紧握单杠，身体放松，屈腿上抬保持几秒
悬垂摆动	发展手指和手腕的抓力，以及腰腹力量和身体平衡能力	以双脚交替为轴进行旋转，要求上体直立，两臂自然张开、叉腰或上举，尽量使重心向垂直中线靠拢
悬垂移动	发展上肢力量、力量耐力和身体平衡能力	双手手指紧握单杠，身体前后摆荡
混合悬垂	发展上肢力量和颈部力量	双手紧握单杠，单手交替向前移动，同时身体紧随手移动，两手紧握单杠或绳索，两脚搭在单杠或绳索上

单元九　支撑动作

支撑是婴幼儿动作发展的基础，支撑动作有助于发展幼儿上肢力量和腰腹力量，发展幼儿力量、平衡、柔韧和协调等身体素质。其支撑和平衡能力与学龄前儿童的适应环境能力、自我保护能力、运动器官功能、前庭感受器机能的提高有很大关系。支撑需要根据幼儿的具体身体情况区别对待。支撑动作的特点会随着婴幼儿身体动作的发展而有一定的区别，在自发的身体运动中，常常会很自然地运用到支撑这种身体动作。从幼儿膝部及手臂力量支撑身体爬行，到运用双腿力量支撑身体进行站立及行走，再到运用手臂或双腿支撑身体形成更加复杂的身体动作或身体移动，这些都离不开支撑动作。此动作有利于增强幼儿上肢及肩部肌肉、韧带的力量，促进幼儿两臂肌肉力量的均衡发展。

有些支撑动作是随着婴幼儿的成长而习得的，例如，颈部支撑头部形成的抬头动作；双膝、手臂支撑身体形成的爬行动作；双腿支撑身体形成的站立、行走动作等。还有一些动作需要在游戏、生活情境中进行练习，才能更有效地发展幼儿各部位的能力，使各部位肌肉、韧带均得到发展。例如，不同时期，当幼儿想攀上车子或桌子、床铺等高处时，早期可能仅仅是进行腿部肢体的摆动，后期可以对身体有较好的控制时，是先把身体撑起来，再迈腿蹬上，从而形成了初步的支撑动作；当幼儿想在床上直接爬并拿到与床有一定距离的桌子或其他家具上的玩具时，先要用手够到这件家具，一只手臂支撑身体，另外一

只手臂取物。

支撑动作要领：两手支撑在地面或一定高度的支撑物上，两手间距比肩稍宽，两臂伸直，支撑起整个身体，两腿并拢，以脚着地支撑，躯干保持挺胸，收紧腰。

支撑动作形式、动作能力及动作要点见表 2-17。

表 2-17　支撑动作形式、动作能力及动作要点

动作形式	动作能力	动作要点
窄道移动	发展下肢肌肉、关节的活动能力，发展腿部肌肉和肌肉耐力，提高身体的平衡能力	走时步幅小，摆腿低，单腿支撑时间短，上体正直，眼往前下看，两臂自然摆动或侧举，并步走或两脚交替向前走，精神放松，注意力集中，动作放松；跑时步幅小、频率快，支撑腿弯曲较大，上体较直
缩小自身支撑面	发展下肢力量，提高身体的控制能力和平衡能力	提踵走（也称前进走或足尖走）：脚跟尽量提起，膝较直，上体正直，目视前方，两手叉腰或自然摆动。 踩高跷：除脚的动作外，其余要点与"提踵走"相同。 脚跟走：支撑腿弯曲较大，上体稍前倾，步幅小、步频快、落地轻
旋转	增强前庭器官功能，提高平衡能力	以双脚交替为轴旋转时，要求上体直立，两臂自然张开、叉腰或上举，尽量使重心向垂直中线靠拢
闭目行走	增强体位觉和动觉，提高平衡能力	对准目标后闭目、身正、颈直、脚正、步小，向目标走去，要注意肌肉感觉，并依靠它调整自己的走步方向
单脚站立	提高平衡能力	单脚直立：一只脚提起，支撑腿向外倾，使身体重心移至支撑脚上，支撑脚尖外展或内扣，腿挺直，腰背直立，头正，两臂调节身体平衡。 俯身平衡：一条腿后举，另一条腿挺直支撑，上体前俯，抬头、挺胸，臂前举，可扶器械
翻滚与翻转	增强前庭器官的稳定性，发展体位感和灵敏素质	直体翻滚：身体挺直，两臂胸前交叉或放于体侧，依靠腰和腿的转动使身体翻滚。 滚翻：全蹲，两手分开约与肩同宽，扶垫，低头，伸腿蹬地，提臀，双手推垫，团身向前翻滚。团身是滚好的关键。 双人手拉手翻转（即"翻饼烙饼"）：两人动作同时，异向，手拉手，肩放松

单元十　平衡动作

很多人认为平衡能力是天生就有的，随着年龄的增长，我们的平衡能力一定会变好。然而，一些人随着年龄的增长其平衡能力并没有明显的改善，这是因为他们在儿童时期没

有得到充足的训练和发展。研究表明：平衡能力好的孩子在体育活动中的表现较好，空间想象能力较发达；平衡能力不好的孩子往往不能自如地控制身体，在学习数学的空间关系时，也表现得力不从心。也就是学龄前儿童的平衡能力能够有效地帮助他们在走、跑、跳、爬、钻、坐等大肢体运动中保持身体的平衡。

那么平衡能力到底是什么呢？平衡能力是指人体所处的一种稳定的状态，以及无论处在任何位置、运动或受到外力作用时，能自动调整并维持姿势的能力。也就是说，当人体重心垂线偏离稳定的支持面时，能立即通过主动的或反射性的活动使重心垂线返回到稳定的支持面内，这种能力称为平衡能力。影响平衡能力发展主要有四个因素：前庭器官、视觉和听觉、肌肉力量、体育锻炼，前两者由于其年龄及心智，其提升的难度远远高于后两者，但是通过一定的方法也是可以有所改善的，因此，我们来了解一下学龄前儿童的平衡特点、不同平衡动作的价值、平衡动作的教学要求、平衡动作的基本要求、常见的错误及纠正方法等相关内容。

每个年龄阶段的儿童都有不同的特点，学龄前儿童随着身体能力和智力的发展，在不同年龄段其平衡能力也是有所区别的，具体表现见表 2-18。

表 2-18　各年龄阶段幼儿平衡的特点

年龄阶段	平衡的特点
3～4 岁	已具有一定的平衡能力，在两条直线中间或平衡木上走时，全身较为紧张，会不自主地低头看脚下，身体摇晃；在快跑、转弯、跳跃落地时平衡能力较弱、易摔倒
4～5 岁	随着力量、灵敏和协调性的提高，平衡能力有了快速发展，能在平衡木上平稳地走、跑、跳，跨越低障碍等，低头耸肩的现象也明显好转；在快跑、转弯、高处跳落时能保持平衡，不易摔倒
5～6 岁	经过系统地学习，能在平衡木上做出较复杂的动作，部分幼儿还学会并掌握了对平衡能力要求较高的运动技能，如轮滑、骑车等

平衡能力一般可以分为动力性平衡和静力性平衡两种。在练习动力性平衡时要求幼儿头正、身体正直、立腰、身体不晃动，上下肢协调、步幅均匀，动作自然；在练习静力性平衡时要求支撑腿撑直站立、身体要正，立腰、保持身体的稳定性。此外，平衡能力还需要培养幼儿勇敢、大胆的心理素质。幼儿园平衡练习以动态平衡为主，静态平衡为辅，遵循动静结合的原则，其中，静态平衡练习不宜过多过长。对于平衡动作的细节要求主要有两条：一是在练习动力性平衡时，要求幼儿身体保持正直，眼向前看，不低头、不耸肩，步幅均匀，全身放松，大胆、自然地向前走；二是在练习静止平衡时，要求幼儿身体正直、立腰，支撑腿撑直站立，全脚掌着地，膝部用力绷直，保持身体的稳定。

我们应该通过怎样的动作练习来提升幼儿的平衡能力呢？根据幼儿的身心特点，幼儿平衡能力锻炼主要以游戏为主、专门练习为辅，在进行的过程中注意游戏的安全性。以下是平衡的相关内容及游戏。

1. 不借助器械进行的平衡游戏

这类游戏儿童通常可以徒手进行，以民间体育游戏居多，通常有以下几种：

（1）减少身体接触面，保持身体重心平衡的游戏：如斗鸡，幼儿单脚站立斗对方，在减少身体接触面的同时还需对抗外界干扰的力，并保持身体的平衡。

（2）左右移动控制动作速度的游戏：如老鹰抓小鸡，老鹰为了能抓到小鸡，快速左右移动跑去抓小鸡，小鸡为了能躲避老鹰也快速左右移动躲藏。

（3）顺时针或逆时针跑的游戏：如狐狸偷蛋，狐狸为了偷到蛋，围着椅子顺时针或逆时针跑，母鸡为了窝里（椅子下）的蛋，需时刻关注狐狸的动向，当狐狸顺时针跑时，母鸡坐在椅子上顺时针移动身体；当狐狸逆时针跑时，母鸡坐在椅子上逆时针移动身体。

（4）翻转控制身体平衡的游戏：如炒豆子，游戏的两个幼儿面对面或背对背翻转，游戏中需控制身体，不让自己摔倒。

（5）身体姿势控制的游戏：如木头人，幼儿边唱儿歌边走或跑，儿歌念完，幼儿选择一个自己喜欢的姿势并控制不动。

（6）模仿类游戏：如模仿大象、长颈鹿等动物走路、奔跑，加大日常动作的难度。

2. 利用器械进行的平衡能力训练

（1）在固定不动的物体上运动保持身体平衡：如走平衡木，走竹梯，爬高梯，滑滑梯，走蒙氏线，在大、小、高、低不同的接触面上站立等。在组织活动时，可以调整儿童与物体的接触面积，调整难度。

（2）在移动或晃动的物体上运动保持身体平衡：如旋转木马、秋千、蹦床、弹力城堡、童年、滑板车等。这类体育器械适合年龄较大的幼儿使用。

（3）让物体在身体上保持平衡：如把瓶盖、沙袋、盘子等物体放在幼儿头上、肩上、手臂上行走，或放在背上爬行。要注意，放在幼儿身上的物体要轻、小，幼儿可以做出站、走、跑、爬、钻等动作。

（4）让物体在幼儿身体上保持平衡，并使用器械：如幼儿头顶沙包走平衡木；肩顶盘子站木桩等。

复习思考题

1. 简述学前儿童体育活动基本动作的分类及特点。
2. 简述学前儿童体育活动九大基本动作的基本要点。

模块三

运动器械与游戏

知识目标

- 认识学前儿童运动器械活动的目标、特点。
- 了解学前儿童运动器械活动的功能和分类。
- 掌握学前儿童运动器械活动的教学规律和方法。

技能目标

- 能够组织学前儿童进行篮球、足球活动。
- 能够组织学前儿童进行基本的保龄球、曲棍球活动。
- 能够组织学前儿童进行基本的手球活动。

素质目标

- 增强学前儿童的自信心和团队协作精神。
- 培养学前儿童的社交能力和情感管理能力。
- 培养与时俱进、一专多才的专业素养。

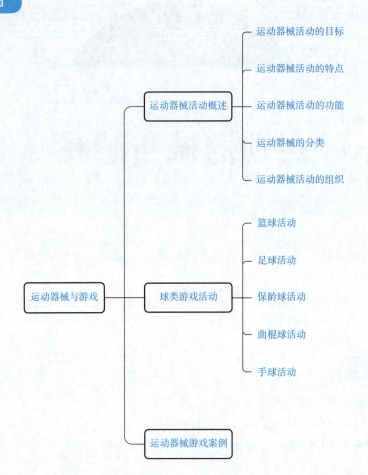

单元一 运动器械活动概述

一、运动器械活动的目标

　　幼儿体育游戏活动的开展、活动目标与任务的完成，都离不开运动器械。运动器械作为幼儿体育活动中必不可少的物质条件，它不仅是幼儿体育活动的辅助材料，也是幼儿体育活动中的操作材料。

　　运动器械活动的种类和玩法有很多，有的可以单独进行，有的需要与他人合作进行，这时就需要幼儿学会交流与分享。有些运动器械活动具有一定的难度，有助于培养幼儿勇敢、不怕困难的意志品质，幼儿在克服困难的同时，其勇气和胆量也得到了锻炼。

二、运动器械活动的特点

（一）注重安全性

安全性是幼儿体育游戏的第一原则和要素，因此，在幼儿进行运动器械活动时要更加注重安全问题。

选择运动器械时，一定要选用正规厂家生产的材质安全、做工精良的器械。例如，设计比例要符合幼儿的身材，护栏高度要考虑到各年龄幼儿的需要，边角要圆滑，连接处要稳固等。自制的运动器械也要考虑到制作材料的安全性，保证幼儿安全使用。例如，在自制沙包时，应选择有一定重量且颗粒大小适中的填充物，还要注意材质的卫生、便于清洁等。另外，要定期对园内大型体育器械进行安全性检查，如发现安全隐患应及时维修。

（二）具有可变性

运动器械的种类、玩法有很多，并具有一定的可变性。可从幼儿的年龄特点和实际水平出发，将一种运动器械挖掘出很多不同的游戏方法。开展各种器械的一物多玩，对幼儿的体能发展有着多方面的促进作用。

（三）具有目标性

每种运动器械都是依据不同的锻炼目标而设计的，所以，锻炼不同的运动能力就要选择适合的运动器械，各运动器械的主要功能见表3-1。教师应根据幼儿的年龄特点和教育的目标，选择不同的器械组织幼儿进行体育游戏，达到锻炼幼儿不同方面运动能力的目的。

表 3-1　各运动器械的主要功能

器械名称	主要功能
攀登架、爬网、攀岩墙	锻炼幼儿攀爬能力，增强四肢与腰背部的肌力
跷跷板、秋千、滑梯、平衡木、转椅、小梯子、高跷、梅花桩	发展幼儿的平衡、协调能力，培养幼儿勇敢、坚强的意志品质
篮球、排球、羽毛球	培养幼儿手眼的协调能力及动作的敏捷性
拱形门、钻圈、钻筒	练习钻爬动作，发展幼儿身体的柔韧性和协调性
沙包、飞镖、投掷球、爬杆、小推车、吊环、高低杠、单杠、软梯、爬绳	锻炼幼儿臂力，发展身体各部分的协调性、灵活性及快速反应和躲闪能力等
踢毽子	发展幼儿下肢的关节、肌肉及韧带
独轮车、摇摇车、滑板车、三轮车、平衡车	锻炼幼儿平衡能力及下肢力量
跳绳、蹦床	发展幼儿的弹跳力，增强心血管、呼吸和神经系统的功能

三、运动器械活动的功能

不同的运动器械活动，其功能也各不相同。例如，通过摆动平衡类器械可以发展幼儿身体的平衡能力，增强幼儿前庭器官的稳定性；通过钻爬类器械可以发展幼儿的动作协调性和灵活性，增强幼儿的四肢肌肉力量。

四、运动器械的分类

（一）固定性运动器械

固定性运动器械是指固定不动的较大型的运动器械，主要包括以下几类。

（1）攀爬滑行类：如攀登架、爬网、滑梯、攀岩墙等（图3-1～图3-3）。

图3-1　爬网

图3-2　滑梯

图3-3　攀登墙

（2）摆动平衡类：如秋千、荡船或荡桥、跷跷板和滚筒等（图3-4、图3-5）。

（3）旋转类：如大转筒、大陀螺、平衡旋转器等（图3-6、图3-7）。

（4）弹跳类：如压力板、弹簧座椅、蹦床等（图3-8、图3-9）。

图 3-4　跷跷板

图 3-5　滚筒

图 3-6　大陀螺

图 3-7　平衡旋转器

图 3-8　弹簧座椅

图 3-9　蹦床

（二）移动性运动器械

移动性运动器械是指可移动的中小型的运动器械，主要包括以下几类。

（1）运行类：如独轮车、两轮车、三轮车、平衡车、滑板车、摇摇车等（图3-10、图3-11）。

（2）投掷类：如篮球架、投掷板、拳击袋、拳击靶、磁性投靶等（图3-12、图3-13）。

图 3-10　独轮车

图 3-11　平衡车与滑板车

图 3-12　篮球架

图 3-13　拳击袋

（3）钻爬类：如钻杆、钻筒、塑料隧道、拱形门等（图 3-14、图 3-15）。

图 3-14　塑料隧道

图 3-15　拱形门

（4）平衡类：如平衡板、平衡步道、大龙球、平衡木等（图 3-16、图 3-17）。

图 3-16　平衡步道

图 3-17　大龙球

（三）手持类运动器械

手持类运动器械是指幼儿可以手持的较小的运动器械，主要包括以下几类。

（1）球类：如乒乓球、拉力球、板羽球、触摸球、篮球、足球、网球等（图 3-18、图 3-19）。

图 3-18　拉力球

图 3-19　板羽球

（2）圈、袋类：如呼啦圈、体操圈、跳袋、铁环等（图 3-20、图 3-21）。

图 3-20　呼啦圈

图 3-21　跳袋

（3）绳、棍类：如皮筋、跳绳、陀螺、小空竹、体操棒、软体棒等（图 3-22、图 3-23）。

图 3-22　皮筋

图 3-23　跳绳

（4）平衡爬行类：如体操棒、软体棒、高跷、过河石等（图 3-24～图 3-27）。

图 3-24　体操棒

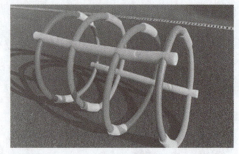

图 3-25　软体棒

图 3-26　高跷

图 3-27　过河石

（5）投掷类：如飞镖、飞盘、降落伞、沙包、高尔夫球、保龄球、垒球等（图 3-28、图 3-29）。

图 3-28　飞盘

图 3-29　沙包

（6）自制简单器材：梅花桩（易拉罐）、响罐（易拉罐）等（图 3-30、图 3-31）。

图 3-30　梅花桩

图 3-31　响罐

五、运动器械活动的组织

(一) 符合幼儿的年龄特点

由于幼儿的年龄特点有所不同,导致其对运动器械的需求也不同,所以,教师应遵循幼儿的年龄特点来选择适宜的器械。不同年龄的幼儿参加运动器械活动的内容、方法、运动负荷,都是由易到难、由简单到复杂、由低强度到高强度逐步深入的。因此,教师在提供体育器械时要有难有易,让幼儿能够根据自己的能力选择相应的器械,从而让每个幼儿都能够体验到运动的乐趣,还能增强他们的自信心。

(二) 考虑幼儿的能力水平差异

教师可以根据幼儿的体质、能力的差异,设计多层次的运动器械活动,把握好层次设置和投放原则,使活动适合不同能力水平的幼儿。例如,在平衡游戏场景的创设中,可将平衡木设置得有宽有窄、有高有低、有曲有直、有斜有断等,幼儿在练习走平衡木时,可以根据自己的能力自主地进行锻炼,同时幼儿还可以挑战不同难度的平衡木,从而获得新的兴奋点和成功点,提升参与活动的兴趣。

(三) 注重器械的安全性

器械的安全性是选择该种器械的首选条件。大型和固定的活动器械、组合式的活动材料需要定时检查,如发现问题应及时解决处理。中小型、可移动的活动器械和自制器械,要既方便又安全,材料要边角光滑,重量要适宜,如用棒舞动,就可采用海绵棒、纸棒等。

(四) 根据幼儿的兴趣制作或改进运动器械

在体育游戏中,有趣的器械会激发幼儿活动的热情和积极性。教师需要细心观察和发现幼儿喜欢的材料,例如,发现幼儿对塑料桶感兴趣,就可以用塑料桶为他们做高跷;发现幼儿对呼啦圈感兴趣,就可以为他们制作一个立体呼啦圈,进行钻爬游戏。当幼儿看到喜欢的材料制作成了运动器械,运动的兴趣就可想而知了。

(五) 鼓励幼儿探索运动器械的多种玩法

在体育游戏中,可以鼓励幼儿尝试多样的运动器械,并通过自己的探索,创造出多种玩法。例如,在探索"有趣的轮胎"活动中,有的幼儿坐在轮胎中心,另一位幼儿拉着轮胎走;有的把轮胎推成小高山,爬轮胎山;有的把轮胎摆成一定的图形进行跳跃练习;有的把轮胎竖起,让伙伴们钻洞。在对运动器械的探索过程中,幼儿的创造力和想象力能够得到很大的提高。

(六) 合理搭配使用体育运动器械

运动器械的合理搭配,不仅能提高幼儿运动的兴趣,还可以更好地达到锻炼的目的。例如,幼儿在玩小推车时,如果只是单纯来来回回地推空车,幼儿会感觉很枯燥,如果在车里装上一些球或布袋,作为"西瓜"和"粮食",让幼儿体验搬运"西瓜""粮食"的感觉,他们就会更加投入地参与到游戏活动中去。

单元二　球类游戏活动

一、篮球活动

（一）活动目标和内容

1. 小班

目标：

（1）培养幼儿对篮球运动的兴趣；

（2）学习篮球运动的基本知识和基本动作。

内容：

（1）了解篮球运动；

（2）学习多种滚球、双手拍球、单手拍球、抛球的动作。

2. 中班

目标：

（1）提高运用手臂、手腕控制球的能力，提高手眼协调能力；

（2）培养合作意识。

内容：

（1）学习左右手交替拍球、单手连续拍球；

（2）学习相互抛接球、传球；

（3）学习投篮（篮筐高度约为 160 厘米）；

（4）拍球向前走。

3. 大班

目标：

（1）学习更多的篮球技能，增加玩球的形式；

（2）了解篮球比赛的规则，学习打篮球比赛；

（3）树立正确的竞争意识。

内容：

（1）学习花样拍球；

（2）学习投篮；

（3）拍球直线、曲线前进；

（4）在运球中传接球；

（5）学习篮球比赛的规则，模拟篮球比赛。

（二）活动方法

1. 拍球

（1）动作要求。身体向前微屈，五指自然张开，屈伸肩、肘、腕关节，用五指及指根包住球并有节奏地拍打。

（2）锻炼价值。此动作能促进幼儿的控球能力及节奏感的发展。

（3）练习内容。双手拍球、单手拍球、两手交替拍球、移动中拍球、绕障碍拍球、两人一组（一人拍球，一人抢球）、花样拍球等，如图 3-32 所示。

视频：
拍球动作示范

图 3-32　拍球

（4）注意事项。引导幼儿拍球时用手指控制球的方向；在幼儿熟练掌握拍球动作后，要求幼儿视线离开球，注视前方进行练习。

2.**滚球**

（1）动作要求。弯腰低头，用手指和指根触球，用屈腕指的力量拨滚球，同时人随球一起跑动。

（2）锻炼价值。此动作能促进幼儿协调性和控球能力的发展。

（3）练习内容。对墙滚球、两人一组互相滚球、滚球入门、滚球追球等，如图 3-33 所示。

图 3-33　滚球

（4）注意事项。对墙滚球时，可以在墙上画上小球门，让幼儿朝向球门滚球；追球时，要求幼儿在球的两边追跑，注意不要相互碰撞。

3.抛接球

（1）动作要求。抛球时，两手持球在胸前，五指自然张开，向目标处用力弹拨，将球传出；接球时，正确判断来球的方位、速度、距离，及时伸臂迎球，做好接球手形，手心应正对或斜对来球，球触手后，双手顺势后移以缓冲。

（2）锻炼价值。此动作能促进幼儿手眼协调能力及快速反应能力的发展。

（3）练习内容。一人上下抛接球、两人一组互相抛接球、多人围成圆圈抛接球等，如图 3-34 所示。

图 3-34　抛接球

（4）注意事项。多人抛接球时，要求幼儿注意力集中，注视来球方向；传球时可喊出对方的姓名，引起对方注意。

4.运球

（1）动作要求。幼儿在原地拍球的基础上，有意识地进行拍球移动的练习，如向前移动、向侧移动、退后移动、拍球转圈等。

（2）锻炼价值。此动作能促进幼儿控球能力的发展。

（3）练习内容。原地运球、左右换手运球、两人一组运球抢球等，如图 3-35 所示。

（4）注意事项。注意身体姿势，根据球的方向正确按拍球的不同部位。

图 3-35 运球

5. 投篮

（1）动作要求。持球于胸前，肘关节自然下垂，膝关节微屈，目视目标。

（2）锻炼价值。此动作能促进幼儿平衡能力及判断力的发展。

（3）练习内容。空手动作练习、持球动作练习、原地投篮练习、移动中投篮练习等。

（4）注意事项。引导幼儿投球时用手指控制球的方向；要求幼儿主动屈膝蹬地。

二、足球活动

（一）活动目标和内容

1. 小班

目标：

（1）初步培养幼儿对足球运动的兴趣；

（2）学习足球运动的基本知识和基本动作。

内容：

（1）简单了解足球运动；

（2）熟悉球性；

（3）学习停球。

2. 中班

目标：

（1）初步培养幼儿的足球技能；

（2）提高目测能力、脚部对球的控制能力、脚眼协调能力。

内容：

（1）学习踢球（左右脚踢球、对墙踢球、踢球进门）；

（2）学习听信号运球、停球；

（3）学习定点射门；

（4）学习运球。

3. 大班

目标：

（1）进一步丰富幼儿的足球技能；

（2）了解足球比赛的规则；

（3）树立正确的竞争意识。

内容：

（1）学习抢球；

（2）学习跑动射门；

（3）学习跳碰球；

（4）了解足球比赛的规则，开展小组足球赛。

（二）活动方法

1. 运球

（1）动作要求：运球时，用脚弓轻轻地推动球向前滚动，尽可能把球保持在体前。

（2）练习内容：直线运球、曲线运球、绕圆圈运球、运球过障碍、运球接力、两人一组运球抢球等。

（3）价值锻炼：此动作能促进幼儿下肢协调能力及球性的发展。

（4）注意事项：练习时应提醒幼儿推球用力要轻、步幅要小、重心要低。

视频：
运球动作示范

2. 踢球

（1）动作要求：踢球时，支撑脚保持在球的侧方，摆动腿绷直踝关节、向后摆动，然后用脚面击打球的正后方；也可勾起脚尖，脚向外侧展开，用脚弓踢球。

（2）练习内容：徒手模仿各种踢球动作、左右脚踢球、对墙踢球、踢球射门等。

（3）价值锻炼：此动作能促进幼儿下肢力量、协调能力及运动技能的发展。

（4）注意事项：练习时设定的目标距离可由近到远；可以在墙上画球门进行踢准练习。

3．停球

（1）动作要求：脚底停球时，用脚底踩住来球；脚弓停球时，一只脚支撑地面，另一只脚外转，用脚弓迎向来球，脚弓距离地面一个足球半径高低。

视频：
停球动作示范

（2）练习内容：对墙踢球停球、两人一组踢球停球、多人围成圆圈踢球停球等。

（3）价值锻炼：此动作能促进幼儿双脚协调能力及运动技能的发展。

（4）注意事项：引导幼儿接停球时主动伸腿，接球后引缓冲；多人踢球时要求幼儿的集中注意力，注意来球，或传球时喊出对方的名字，以引起对方的注意。

三、保龄球活动

（一）活动目标和内容

1．小班

目标：

（1）初步培养幼儿对保龄球运动的兴趣；

（2）学习保龄球运动的基本知识和基本动作。

内容：

（1）简单了解保龄球运动；

（2）学习双手滚球；

（3）利用辅助物开展滚球活动。

2．中班

目标：

（1）初步培养幼儿的保龄球技能；

（2）提高手臂、手腕控球的能力和手眼协调能力；

（3）培养合作能力。

内容：

（1）学习单手滚击球；

（2）尝试双手滚球并击中预定目标。

3．大班

目标：

（1）进一步丰富幼儿的保龄球技能；

（2）了解保龄球比赛的规则，学习记录比赛结果；

（3）树立正确的竞争意识。

内容：

（1）学习助跑单手滚击球并击中预定目标；

（2）两人合作滚球；

（3）了解保龄球运动的规则，学习开展保龄球比赛。

（二）活动方法

1. 双手滚球

（1）动作要求：滚球时对准前方（或目标），双手五指张开，虎口向外，手心向前，双手用力将球推向前方（或目标）。

（2）练习内容：双手向前滚球、双手对墙滚球、两人滚球、双手滚球击打目标、双手滚球入门等。

（3）价值锻炼：此动作能促进幼儿上肢力量、手眼协调能力的发展。

（4）注意事项：练习时应注意幼儿之间的距离，避免距离太近发生碰撞；滚球距离由近到远，逐步发展幼儿的上肢力量和手眼协调能力。

2. 单手滚球

（1）动作要求：滚球时对准前方（或目标），右手张开五指拿稳球，先向后摆动，再用力将球向前方（或目标）推出。

（2）练习内容：单手原地向前滚球、单手原地滚球击打目标、单手助跑滚球击物、两人单手滚球练习、多人单手滚球游戏等。

（3）价值锻炼：此动作能促进幼儿上肢力量、手腕控制能力和手眼协调能力的发展。

（4）注意事项：提醒幼儿遵守纪律，按次序练习，保证每位幼儿的安全；不断调整练习距离，提高训练效果；选择辅助练习材料时要注意其安全性。

四、曲棍球活动

（一）活动目标和内容

1. 小班

目标：

（1）初步培养幼儿对曲棍球运动的兴趣；

（2）学习曲棍球运动的基本知识和基本动作。

内容：

（1）简单了解曲棍球运动；

（2）学习推球、运球；

（3）尝试双手持曲棍球向指定方向赶球击物。

2. 中班

目标：

（1）初步培养幼儿的曲棍球技能；

（2）提高幼儿手臂、手腕控球的能力和手眼协调能力。

内容：

（1）学习绕障碍运球；

（2）学习接球。

3. 大班

目标：

（1）进一步丰富幼儿的曲棍球技能；

（2）了解曲棍球比赛的规则；

（3）树立正确的竞争意识。

内容：

（1）学习挥击球；

（2）两人合作滚球；

（3）了解曲棍球运动的规则，学习开展小组曲棍球比赛。

（二）活动方法

1. 推球、接球

（1）动作要求：双手一上一下握住球棍；推球时，球棍置于球的后方，紧靠着球，利用棍柄的顶端将球推送出去；接球时，双手持棍伸向来球方向，用球棍接球。

（2）练习内容：左右拨球滚动、拨球停球练习、对墙推球练习、对准目标推球练习、两人推球接球练习、多人推球接球练习等。

（3）价值锻炼：此动作能促进幼儿手臂、手腕控制能力和手眼协调能力的发展。

（4）注意事项：幼儿分散在场地上，保持安全距离；练习时推接球距离可由近到远；可以在墙上画球门进行练习。

2. 运球

（1）动作要求：双手握住曲棍，一只手放在曲棍下方，另一只手放在上方，形成一个稳定的三角形。保持头部直立，眼睛注视着前方。用曲棍将球控制在一定范围内，不断推滚球。在运球时，要注意保持身体平衡和控球的力度。

（2）练习内容：直线运球、曲线运球、向目标运球、运球过障碍、运球接力等。

（3）价值锻炼：此动作能促进幼儿手臂、手腕控制能力的发展。

（4）注意事项：练习时应提醒幼儿推球用力要轻、步幅要小、重心要低。

3. 挥击球

（1）动作要求：利用手臂和腰部力量向后摆动，向前挥棍将球击出。

（2）练习内容：持棍动作练习、对墙挥击球、对球门挥击球、运球射门练习、小组比赛等。

（3）价值锻炼：此动作能促进幼儿上肢力量的发展。

（4）注意事项：练习时要循序渐进，并注意安全。

五、手球活动

（一）活动目标和内容

1. 小班

目标：

（1）初步培养幼儿对手球运动的兴趣；

（2）学习手球运动的基本知识和基本动作。

内容：

（1）简单了解手球运动；

（2）学习抛球、搓球动作；

（3）学习向前投掷球。

2. 中班

目标：

（1）初步培养幼儿的手球技能；

（2）提高幼儿手臂、手腕控球的能力和手眼协调能力；

（3）培养合作意识。

内容：

（1）学习传球；

（2）学习打门；

（3）学习向固定目标投掷；

（4）学习两人抛接球。

3. 大班

目标：

（1）进一步丰富幼儿的手球技能；

（2）学习手球比赛的规则；

（3）树立正确的竞争意识、合作意识。

内容：

（1）学习抢球；

（2）学习向固定目标投掷；

（3）学习手球运动的规则，学习开展小组手球比赛。

（二）活动方法

1. 传球

（1）动作要求：单手肩上传球时，两脚前后开立，右手持球于肩上，并举球后引；传球时，右脚蹬地，重心前移，身体转动，向前挥臂，手掌对准出球方向，手指用力将球传出；单手体侧传球时，右手持球，自然放松下垂于体侧，两脚开立，身体正对前方，手掌对准传球方向，利用手臂的挥摆和手腕最后的甩动将球传出。

（2）练习内容：徒手动作练习、对墙传球、对目标传球等。

（3）价值锻炼：此动作能促进幼儿手臂、手腕控球能力的发展。

（4）注意事项：体侧传球距离要近些，肩上传球距离可以远些。

2. 接球

（1）动作要求：双手接高球时，眼睛注视来球，两臂主动伸出迎球，手指自然分开稍向上，两手拇指、食指相对呈"八"字形，手掌成半球状，在来球触及手指的瞬间，手指握球，两臂后缩，以缓冲来球的力量，并将球置于胸前；双手接低球时，上体前屈弯腰，两臂下垂前伸，手指自然分开向下，整个手成半球形，当手与球相触时，两臂弯曲，迅速后移缓冲，上体直立，将球持于胸腹之间。

（2）练习内容：两人传接球、多人传接球、传接球游戏等。

（3）价值锻炼：此动作能促进幼儿手眼协调能力的发展。

（4）注意事项：练习时，先进行教师与幼儿之间的传接球练习，熟练后再进行幼儿与幼儿之间的传接球练习。

3. 射门

（1）动作要求：运用原地射门、跑动射门、跳起射门、倒地射门等动作技术将球投入球门。

（2）练习内容：原地射门、跑动射门、跳起射门等。

（3）价值锻炼：此动作能促进幼儿手眼协调能力的发展。

（4）注意事项：练习时球门最好装上网。

单元三　运动器械游戏案例

小班体育游戏方案
1

一、活动目标

（1）练习手膝着地、自然协调地向前爬，尝试倒退爬，提高动作的灵活性。

（2）喜欢参加体育活动，感受集体活动的快乐。

二、活动准备

（1）沙包若干、大篮子一个、铃鼓一个，并准备好背景音乐。

（2）幼儿已储备了有关蚂蚁生活习性的相关经验。

三、活动过程

1. 热身活动（时间：2分钟；运动量：较大）

（教师扮演蚂蚁妈妈，幼儿扮演蚂蚁宝宝。）

师：今天天气真晴朗，宝宝们，让我们一起活动活动吧！

（音乐起，幼儿随教师做热身运动：头、肩、腰、腿、膝、脚。）

2. 练习手膝着地向前爬（时间：6分钟）

（1）自由爬。

师：来，宝宝们，跟着妈妈在地上爬，去散散步吧！在散步之前，妈妈还有一个要求：宝宝们，爬的时候要手、膝盖着地慢慢爬，看好路，不要撞到别人，好吗？

（教师边念儿歌边带领幼儿自由爬行，提醒幼儿不要相互碰撞。）

（儿歌：今天天气真晴朗，小小蚂蚁真高兴，跟着妈妈去散步。手膝着地慢慢爬，一步一步要爬稳哦！）

（2）听信号爬。

师：听，什么声音？（铃鼓）。宝宝们，我们来听着鼓声玩一玩吧。一会听到铃鼓敲得快，我们就快点爬；听到铃鼓敲得慢，我们就要一步一步慢慢爬。

3. 尝试倒退爬

游戏：巧避大熊。

（"狮王进行曲"的音乐响起，声音忽大忽小。）

师：宝宝们快听，什么声音？前面发生了什么事？让我们一起去看看。（引导幼儿向前爬）哎呀！是一只找食物吃的大熊，快向后退。（引导幼儿练习倒退爬）听！声音没有了，让我们看看大熊走了没有？（引导幼儿再次向前爬，如此反复2～3次。）

4. 巩固倒退爬

师：刚才你是怎么倒退爬的？让我们再试试吧。

5. 游戏：蚂蚁背豆

（1）找"粮食"。师：宝宝们，运动了这么久，肚子有点饿了。今天天气真好，让我们一起寻找粮食回家做午餐吧。（引导幼儿寻找场地一头用沙包制成的小粮袋。）

（2）运"粮食"。请幼儿将小粮袋运回相应的粮仓。（师幼共同检查游戏结果。）

师：怎样爬才能让小粮袋不容易掉下来呢？（启发幼儿爬的时候背部要保持平稳。）

6. 放松练习，结束活动

小蚂蚁跟着妈妈随音乐做放松活动。（鼓励幼儿先自己拍拍手臂、膝盖，再互相拍拍手臂、膝盖。）

小·班体育游戏方案
2

一、活动目标

（1）练习走、跑的动作，初步掌握投掷的基本技能。

（2）在教师的启发下，想出多种玩飞碟的方法。

（3）体验与同伴、教师游戏的乐趣。

（4）重点：利用飞碟，训练幼儿走、跑、投掷的基本动作。

（5）难点：能想出多种玩飞碟的方法。

二、活动准备

人手一个软飞碟（可以变化的、四种颜色的软飞碟）；情境创设，小松鼠的家；用报纸制作的小球若干。

三、活动过程

1. 游戏"开汽车"

指导语：这是一个神奇的飞碟，你们想把它当成什么呢？

（1）教师和幼儿人手一个神奇的飞碟，把它当成汽车方向盘。

（2）在"小汽车"的音乐下，幼儿绕着曲线走、跑交替开汽车。

（3）开到相应颜色的停车场，分成四队，一起比赛开汽车到果园。

2. 游戏"运果子"

指导语：这里有那么多的果子，我们怎么样用神奇的飞碟，把果子运到小松鼠的家中呢？

（1）请幼儿想想办法，怎么样用神奇的飞碟给小松鼠运果子。

（2）让幼儿试着解开飞碟的一个扣子，拉出一根绳子，把果子放在飞碟上，用绳子拖着果子，送到小松鼠的家。

（3）幼儿和教师一起用神奇的飞碟把果子运到松鼠的家，指导能力较弱的幼儿，鼓励他们完成运送果子的任务。

3. 游戏"好玩的飞碟"

导语：神奇的飞碟变成汽车，又变成小拖车帮我们运了果子，你们想想神奇的小飞碟还可以怎么玩呢？

（1）指导幼儿解开所有飞碟上的小扣子。

（2）指导幼儿玩一玩好玩的飞碟，比一比谁的飞碟飞得最远。

4. 延伸活动

（导语）还可以怎么玩神奇的飞碟？让幼儿戴着神奇的飞碟回教室，下次再玩玩这些神奇的飞碟。

小·班体育游戏方案
3

一、设计意图

冬天，孩子们的衣服穿得较多，大多孩子不爱运动。小班年龄段幼儿特别喜欢爬，在平时的日常生活中，大多数家长会因为卫生和安全问题，不能让孩子们尽情地爬。为了激发孩子在冬季能多做运动，锻炼手膝着地、自然协调地向前爬，学会躲闪爬，尝试倒退爬，满足孩子们冬天运动的需要，特设计了本活动——"老虎斗"。

二、活动名称

老虎斗。

三、活动目标

（1）初步了解老虎的外形及生活习性，知道冬天多做运动可以暖和身体。

（2）练习手膝着地、自然协调地向前爬、躲闪爬，尝试倒退爬。

（3）能遵守游戏规则，体验集体游戏的快乐。

四、活动准备

（1）老虎头饰若干（和幼儿人数相同），两种颜色的老虎尾巴若干（合起来与幼儿人数相同），游戏音乐（欢快音乐和紧张音乐），舒缓音乐。

（2）对老虎的有关知识有一定的了解。

五、活动过程

1. 谈话导入

师：小朋友们，你们见过大老虎吗？（见过或没见过。）在哪里见过？（在动物园里见过，在书上见过，在电视上见过……）大老虎是什么样子的呢？（请幼儿说一说。）小朋友说得真好！大老虎最威风了，小朋友们想当老虎吗？今天我们来玩"老虎斗"的游戏，请小朋友们来当老虎，好吗？（请幼儿戴上老虎头饰，将尾巴塞进后背的裤腰里，扮成小老虎。）

2. 热身运动

师：小朋友们的小手冷吗？我们先搓搓小手，然后让我们的身体跟着小手动一动吧！做手指动物模仿操。

一个手指头呀，变呀，变呀，变呀，变成毛毛虫呀，爬爬爬。

两个手指头呀，变呀，变呀，变呀，变成小白兔呀，跳跳跳。

三个手指头呀，变呀，变呀，变呀，变成小花猫呀，喵喵喵。

四个手指头呀，变呀，变呀，变呀，变成小花狗呀，汪汪汪。

五个手指头呀，变呀，变呀，变呀，变成大老虎呀，啊呜，啊呜，啊呜。

3. 自由练习手膝着地、自然协调地向前爬、躲闪爬、倒退爬

（1）师：小朋友们都变成大老虎了，我们一起学大老虎爬一爬吧！（幼儿分散自由爬行。）如果有其他老虎来攻击时，我们该怎么办呢？（请幼儿示范，引导幼儿尝试躲闪爬。）如果有其他老虎来咬我们的尾巴时，我们又该怎么办呢？（请幼儿讲出自己的办法并示范，引导幼儿练习倒退爬。）

（2）师：现在，虎妈妈要考考虎宝宝，听到欢快的音乐，虎宝宝们自由爬行，听到紧张的音乐，虎宝宝们躲闪爬或倒退爬，要注意安全，不要碰撞到其他的小老虎或伤到自己哦！

（3）宝宝们学得可真快呀！我们可以比赛了。

4.交代游戏规则，玩游戏"老虎斗"

玩法：将红尾巴老虎和蓝尾巴老虎分成两组，听口令开始揪尾巴。谁先将对方的尾巴揪完，谁获胜。（教师提醒幼儿在揪尾巴时，小老虎可以在一定范围内躲闪爬或倒退爬。）播放游戏音乐，幼儿游戏。

5.结束活动

播放舒缓音乐，幼儿进行放松活动。

师：小老虎们玩得开心吗？（开心。）放松放松吧，摇摇胳膊，摆摆小手，抖抖肩膀，拍拍腿，休息一下吧！现在还冷吗？（不冷了）小朋友们知道为什么现在不冷了吗？（因为刚才我们玩游戏时做了许多运动，冬天多做运动我们就不冷了。）

六、活动延伸

组织幼儿在阳光下休息，讨论冬天可以让身体暖和起来的办法。

小·班体育游戏方案
4

一、活动名称

泡泡乐。

二、活动目标

（1）锻炼手脚协调能力、反应的灵敏度，练习蹲、跑等动作。
（2）在游戏中体验与同伴交往的快乐。

三、活动准备

在地上画一个大圆圈、泡泡头饰若干。

四、活动过程

（1）提问导入，调动幼儿的已有经验。小朋友们吹过泡泡吗？喜欢吹泡泡吗？今天老师想带你们来玩一个吹泡泡的游戏！

（2）教师说明游戏规则。小朋友们手牵着手围成一个圆圈，站在老师之前画好的圈上，然后在原地踏步，边走边念："吹泡泡，吹泡泡，吹成一个大泡泡。"

重复念数次后，教师说："泡泡飞高了"，小朋友们做两臂高举的动作。教师说："泡泡飞低了"，幼儿蹲在原地不动。教师说："泡泡变小了"，幼儿向中间靠拢。最后教师说："泡泡变大了"，幼儿又回到原来的那个圆圈上。重复数次。

最后教师说："泡泡破了"，幼儿发出"啪"的声音，然后散开。当教师说："吹泡泡了"，幼儿又回来牵成一个圆圈继续玩。

五、活动延伸

引导幼儿观察泡泡的特点，可以让幼儿用同样的玩法玩"小小飞机"的游戏。

六、反思

（1）这个游戏在我们玩之前班上的教师已经带他们玩过很多次了，所以，他们已有经验，我们应该提高这个游戏的难度。

（2）在游戏中，小朋友们会往不同的方向走动，所以让他们原地踏步走，以免造成混乱。同时，我们应反复强调游戏规则，让小朋友们注意安全。

一、设计意图

小班幼儿喜欢蹦蹦跳跳，但是动作协调性不够，在平时的观察中教师发现有的孩子特别喜欢跳，有的调皮的孩子会站在小椅子上向下跳，于是抓住孩子们的兴趣，让孩子们学一学动物的"跳"，在平时幼儿的练习中，教师观察到他们对于动作本身有了一定的认知和体验，可由于幼儿腿部力量较薄弱，动作控制意识不够主动，缺乏动作自我监控，常常出现：两脚不能同时起跳、落地；连续跳几下就会放弃或动作僵硬不自然。于是，特意设计了一节身锻活动"我会跳"，让孩子们在模仿动物"跳"的同时规范动作。

二、活动目标

（1）学习双脚并拢连续向前行进跳。

（2）尝试与同伴合作行进跳，体验合作运动的快乐。

（3）重点：双脚并拢连续向前行进跳。

（4）难点：能与同伴合作进行行进跳。

三、活动准备

师幼一起听音乐做热身运动（上肢运动、下蹲运动、转动脚腕、整理运动）。

四、活动过程

（1）幼儿模仿小动物跳（播放音乐："我爱蹦蹦跳"）。

师：小朋友们认识这两种动物吗？它们有一个本领——都会跳，让我们来学一学它们是怎么跳的，好吗？轻轻地走到小动物家玩一玩，学一学它们的本领。

（评析：动物是小朋友们最喜欢的，小兔子和青蛙也是小朋友们最常见的动物，在创设的情境中分两组进行，一组幼儿学小兔子跳，一组幼儿学青蛙跳，体验自主游戏的快乐。）

（2）交流反馈：小兔子是怎么跳的呢？小青蛙又是怎么跳的呢？

（评析：帮助能力弱的幼儿加以巩固动物的跳法。）

（3）学习双脚并拢连续向前行进跳。

（4）师：我是袋鼠妈妈，你们想做我的宝宝吗？袋鼠妈妈是怎么跳的呢？

（5）边示范边讲解动作（双脚并拢、小手放在胸前、腿稍微弯曲，轻轻地一蹦一跳向前跳）。

（评析：幼儿的模仿能力较强，教师在边讲解时边示范，幼儿可以进行模仿练习。）

（6）引导幼儿观察、模仿，小兔子和袋鼠都是双脚并拢跳的。

（7）幼儿练习双脚并拢向前行进跳。

（8）提出要求：小袋鼠们真能干，现在请小袋鼠们去帮妈妈把粮食运回来好吗？（每人拿一个雪花片。）

（9）幼儿进一步练习双脚并拢行进向前跳。

（评析：在创设游戏情境中让幼儿轻松、自主、有目的地去练习双脚并拢向前行进跳。）

五、游戏"袋鼠一家去旅行"（播放音乐："兔子舞"）

（1）教师边讲解边与配班教师示范，一个人在前面当小袋鼠，一个人在后面把手搭在前面一个人的肩膀上，然后双脚并拢一起向前行进跳。

（2）鼓励幼儿两人合作一起双脚并拢向前行进跳。

（评析：这个游戏主要是体验同伴之间合作的意识，同时也能提升同伴之间的相互协调能力，通过"兔子舞"音乐，更能激发幼儿有节奏地跳，以及合作的意识。）

（3）游戏可以反复练习，同伴之间增加人数合作游戏。

（评析：在这个环节中可以挑战难度，让幼儿与幼儿之间自由搭配去组建自己的家庭成员，使自己的家庭队伍增加，变成一条长龙，一个接一个地去旅行。）

六、放松运动（播放音乐："雪之梦"）

（1）师幼听音乐做放松运动。

（2）师幼共同收拾器械送回家。

（评析：活动结束后，培养幼儿与教师一起收拾活动器械并送回家。）

小班体育游戏方案
6

一、活动目标

（1）练习将皮球从起点滚到终点，初步学习直线滚球和绕障碍物滚球的方法。

（2）在教师的语言提示和自己的尝试练习过程中，逐渐探索又快又稳的滚球方法。

（3）在活动中努力听清教师的要求，坚持将自己的球滚到终点，体验游戏的快乐。

（4）学会与同伴协商合作游戏。

（5）培养幼儿对体育锻炼的兴趣及活泼开朗的性格。

二、活动准备

（1）皮球人手一只。

（2）系上丝带的椅子六把。

三、活动过程

（一）音乐游戏"大皮球"

教师和幼儿边唱歌曲"大皮球"，边玩大皮球的游戏。

（二）学习直线滚球和绕障碍滚球

1.尝试把球从起点直线滚到终点直线

（1）师：今天，大皮球又想和我们班的小朋友们做游戏了，大皮球想从你们的面前一直滚到红线那里，小朋友们你们能帮助它们吗？

（2）幼儿人手一只皮球，练习将球从起点滚到终点后，再将球取回站在教师周围。

（3）师：你们觉得皮球怎样才能滚得又快又稳呢？

（4）教师总结：小朋友们要跟着皮球往前跑，而且滚球时不能用劲太大。

（5）幼儿再次尝试把皮球从起点滚到终点。

2.滚球绕障碍

（1）师：这一次皮球想到椅子那里去绕一圈再回来，小朋友们想想看该怎么从椅子那里绕回来呢？

（2）教师总结玩法：把皮球一直滚到椅子那里，再从有丝带的一边绕回来。

（3）幼儿进行滚球绕障碍活动，教师在一旁进行指导和语言提示。

（三）游戏"躲皮球"

（1）讲解游戏玩法：教师的手里有一个皮球，教师把皮球往前扔，小朋友们要躲开教师的皮球，而且不能碰到其他小朋友。

（2）幼儿玩"躲皮球"的游戏。

（3）引导幼儿把自己的皮球扔进筐子里，然后，带领所有幼儿坐在花坛边或场地旁跟随教师的口令做放松腿部的动作。

中班体育游戏方案
1

一、活动名称

木头大闯关。

二、活动背景

"木头大闯关"是一个体育游戏，以幼儿扮演"木头"的形式展开。

（1）活动准备：体操海绵垫八个、大型积木若干、猪妈妈玩偶一个。

（2）环境创设：选择宽阔平坦的场地，积木摆出高矮不同的造型放置在场地两边，体操垫分成两组平铺，直着摆作为小路，两边用蓝色地垫布置成小河，在河对面摆放猪妈妈玩偶。

（3）幼儿兴趣和前期经验：玩过大型积木，知道木头的滚动状态，玩过木头人的游戏。

（4）教师预期：幼儿掌握两臂交叉胸前侧滚翻的方法，能在两臂胸前交叉侧滚翻基础上尝试用肩、背、腰、侧腿部位控制翻滚的力量和方向，同时积极参与游戏，在游戏中敢于挑战、不怕困难。

（5）游戏玩法：幼儿扮演"木头"，分成两组闯关过小路。通过小路时，双臂于胸前交叉，以侧滚翻的方式过小路，"木头"不能掉到河里，掉到河里则从头开始，要等前一根"木头"离开之后，下一根"木头"才能通过。

（6）游戏规则："木头"不能掉到河里，两组"木头"先通过小路的则为胜利。

三、活动内容与过程实录

（一）"木头人"游戏引入

师：小朋友们，我们玩"木头人"的游戏，我们边念儿歌边来游戏吧。变成木头人的时候，我们不要动哦。（教师边念儿歌，边引导幼儿做头、肩、腰、臀、腿等上、下肢的运动，活动身体。）

（分析："木头人""做冰块"等一动一静的游戏，深受幼儿喜爱，通过"木头人"游戏，不仅可以很好地引入活动内容，给幼儿营造学习木头人的情境、吸引幼儿的兴趣，同时还可以通过一动一静的形式让幼儿在游戏中达到热身运动的目的。）

（二）基本部分：木头闯关

1. 探索通过小路

师：我们做了"木头人"的游戏，现在我们要变身为木头来玩一玩啦。

提问：木头能动吗？有没有手和脚？

幼：不能，没有手和脚。

师：现在我们都变成木头了，猪妈妈告诉我，她要盖一座木头房子，需要很多木头，要到猪妈妈家我们需要通过一些关卡。

师：第一关，看，前面有条直直的路，木头们没有手也没有脚，想一想我们怎么过去呢？（引导幼儿讨论并示范用滚的方法。）

幼：可以爬过去。

幼：可以滚过去。

师：真是一群爱思考的"木头"，现在请你们来试试看能不能顺利地通过小路。

师：记住哦，千万不要掉到河里，要等前一根"木头"离开之后，下一根"木头"才能通过。（幼儿分组探索，教师观察指导，帮助幼儿梳理经验，鼓励幼儿探索。）

情景实录：

教师说完开始后，幼儿自由探索时，第一组幼儿采取手脚并用爬的方式前进。

（第一组幼儿探索。）

第二组幼儿开始游戏，教师再次强调木头是没有手和脚的，部分幼儿开始采用匍匐前进或侧身翻滚的方法前进，于是教师对侧身翻滚的幼儿进行评价。

师：我发现这个"木头"没有用手和脚过小路。（分析：教师一句简单的评价却是对幼儿的肯定，同时也为其他幼儿提供了榜样示范的作用。通过教师对个别幼儿的指导和评价，大部分幼儿意识到侧滚翻的方式才能不用到手和脚，但还有个别幼儿采用匍匐前进的方式过小路。）

（幼儿再次尝试。）

师：刚才你们是用什么方法通过小路的？（请幼儿示范侧身翻滚的方法。）

幼：我是抱着手臂滚的（幼儿示范）。

师：你们想不想学一学她的方法？她是两臂抱在胸前，变成圆圆的、直直的木头，滚的时候抱得紧紧的。

2. 再次尝试翻滚过小路（教师鼓励、指导幼儿）

师：我们学一学这样的方法，两臂交叉紧紧抱着，变成圆圆的、直直的木头，滚的时候，一定要注意安全，保护好自己。我们用这样的方法来试一试，看这一次能不能滚得又快又好。（教师重点指导幼儿两臂紧紧地抓住，不掉到河里。）

情景实录：

教师游戏开始的口令发出之后，幼儿能掌握两臂交叉、侧身翻滚通过小路，但是个别幼儿还不能很好地控制翻滚的力量，容易掉到河里。（分析：由于身体惯性的原因，幼儿翻滚到小路的尽头时，容易掉到海绵垫下面，这说明幼儿对身体力量的控制还不够熟练，为下一环节翻滚过小桥做了经验铺垫。）

（幼儿尝试侧身翻滚的方式过小路。）

3. 增加山坡，尝试控制身体力量进行翻滚

师：刚才我们通过了第一关，快到猪妈妈家了，我们再来看看第二关有什么不同。（在海绵垫上放置大型积木，把小路变成小桥。）

幼：有弯的地方，像小桥一样。

师：变成了弯弯的，像小拱桥一样。这一关的难度增加了，"木头"们有信心通过吗？让我们来试一试吧。（幼儿尝试，进一步控制身体的力量翻滚。）

（幼儿尝试通过小桥，教师观察指导，帮助幼儿总结经验。）

情景实录：

幼儿分小组进行游戏，教师在小桥的另一边等待幼儿。游戏开始，幼儿开始过小桥有一定的困难，但是经过努力，能够翻滚过小桥。在一旁耐心等待的教师对幼儿进行个别指导，引导幼儿，并说"在翻滚的时候，手和脚是怎么做的？哪些地方在用力？"帮助幼儿总结经验。

（分析：幼儿开始翻滚过小桥时，有一定的困难，但经过努力能克服困难，通过小桥。这其实就是教育家维果斯基的"最近发展区"理论，教育其实就是通过成人的引导和帮助，让幼儿达到最近发展区，以获得发展。在活动中，教师没有单纯地站在一边等待幼儿，而是在幼儿通过之后，以个别指导的方式，引导幼儿总结经验。）

提问：你遇到了什么困难？是怎么通过的？用了身体哪些部位？（请个别幼儿示范，引导幼儿进行集体小结。）

小结：在通过小桥时，我们要先用肩膀，然后用腰部、腿部的力量帮助我们，很快就能通过了。

4. 增加转弯的道路，尝试控制方向

师："木头"们，我们来到最后一关了，通过之后就可以帮猪妈妈盖房子了。让我们看看这一关是什么样子的？看增加了什么？还能不能通过呢？来试一试吧，记住不能掉到河里面去哟。（教师在弯道处观察幼儿翻滚的情况，并帮助幼儿进行经验总结。）

师：这一关是什么样子的？

幼：变得更长了，还有弯道。

师：请小朋友们想一想，在这一关你又遇到了什么困难？你是怎么通过的？

情景实录：

游戏开始，教师在另一边等待幼儿，当幼儿到达终点时，教师个别指导提问：你是怎样过弯道，而且还没有掉下去的？（引导幼儿总结经验，是顺着路线的方向翻滚的，转弯的时候，身体也要转弯，所以顺利通过了。）

提问：你们发现刚才的小路哪里不一样了吗？你们是怎么通过的？

总结：这个小路增加了弯道，转弯的时候，我们要随时用眼睛观察路线的方向，根据路线来滚动身体。

（分析：这一关增加翻滚的长度，幼儿通过小桥之后，手就松开了，会用到小手帮助翻滚，于是教师进行提示，引导幼儿用身体的各个部位来控制翻滚的力量和方向。接着对个别幼儿进行指导，帮助他们梳理翻滚过弯道的经验。）

5.再次游戏

师：这下我们知道过关的秘诀了，我们再来挑战一次，这一次，我们在滚的时候不仅要用到肩膀、腰、腿的力量，我们还要仔细观察路线的方向，跟着方向翻滚，才不会掉下去哟。（幼儿游戏，教师帮助指导）

（三）放松部分

提问：哇，我们当了这么久的木头，现在我们调整呼吸，放松一下，你们觉得哪里最累呀？我们来拍一拍、揉一揉、捏一捏，旁边的小朋友还可以相互捏一捏。

教师带领幼儿放松肩膀、背、腰、腿等部位。

中班体育游戏方案
2

一、活动名称

玩短绳。

二、活动背景

（1）游戏所需的教具材料：短绳，每名幼儿一根。

（2）环境创设：检查户外活动场地，保证安全。检查幼儿服装，便于运动。

（3）儿童兴趣和前期经验：我园是一所乡镇中心幼儿园，户外活动场地小而分散，因地制宜地开展体育游戏活动是本园现实的需要。在多年的教学中发现，开展跳绳游戏对幼儿多种能力的发展具有促进作用。儿童喜欢玩跳绳，利用绳子来玩走、跑、跳、钻、爬、拖等游戏，孩子们兴趣浓厚、积极性高，效果好。

中班幼儿具有一定的跳绳经验。小班主要开展的活动是玩绳子、收绳子、绳子游戏等，小班幼儿多数能收拾整理绳子，具有一定的跳跃能力，能分解动作跳绳子，利用绳子走、跑、跳、拖等。进入中班，幼儿利用短绳玩游戏的方式多起来，教师预设和幼儿的创造探究相结合，中班短绳游戏更丰富。

（4）教师预设：幼儿单独跳短绳；幼儿合作跳短绳；幼儿将绳子摆在地上进行走、跑、跳等各种基本动作练习；幼儿用绳子搭拱桥钻、爬等；幼儿能愉快地参与游戏。

（5）游戏规则：

①听口令玩游戏。

②大胆创造玩游戏。

③揪尾巴，自由跳绳，两人合作跳绳，绳子摆地上自由走、跑、跳，搭拱桥钻、爬，组合器材，玩跳绳。

④注意安全，避免运动伤害发生。

三、活动内容与过程实录

内容：中班幼儿玩短绳。

1. 揪尾巴活动身体

绳子对折，系在后腰裤上当尾巴。教师发出"开始"口令，幼儿相互揪别人的尾巴，当最后一个幼儿的尾巴被揪掉，教师宣布游戏结束。

规则：当教师宣布开始时，幼儿才能相互揪尾巴；躲闪过程中注意安全；被揪掉尾巴的幼儿退出游戏。

幼儿你揪我躲兴趣浓厚，在揪尾巴和躲闪中，不断观察同伴运动，发展幼儿的协调性和灵敏性，促进幼儿身体健康的发展。偶有幼儿不小心跌倒的情况，有幼儿就绕过跌倒的幼儿去揪其他幼儿的尾巴；教师适时提醒要关心小伙伴，再有此种情况时，幼儿会主动停下把跌倒的幼儿扶起来关心和安慰，有助于幼儿之间的互助交往。有一次，游戏结束时有两名幼儿在争执"我多""我多"，原来他们在比谁揪的尾巴多，此时可将数学知识融合进游戏中。

2. 自由跳绳、合作跳绳

幼儿自由在场地中间跳短绳，与小朋友合作跳绳。发展幼儿跳跃能力。幼儿可以数一数跳绳数量的多少。幼儿跳绳时，教师可以在跳绳动作技能上做指导。每个跳绳动作可分为三个阶段：蹬地阶段、腾空阶段和落地缓冲阶段。由于幼儿下肢力量弱，蹬地阶段需要用力才能起跳；幼儿空间的判断力不足，对绳子的运动控制不够，腾空时幼儿应放松心情，双眼平视前方，保持身体正直和重心的平衡；幼儿落地时要前脚掌先落地，屈膝缓冲，避免运动损伤。参照幼儿跳绳运动发展规律进行指导。

3. 绳子摆地上自由走、跑、跳

摆成小河，单脚双脚跳，踩与跳；摆成小圆圈自由跳；摆成小圆圈循环跑、跳；摆成大圆圈走、跑、跳。摆成小河跳时，有的双脚跳，有的跨跳，有的单独跳，有的几个伙伴牵手跳，合作互动玩。在摆成小圆圈自由跳时，幼儿的想法最多，单脚跳、双脚跳，绕小圈跑，后退跳等，有一名小男孩还利用绳子摆成的圈做"鹞子翻山"的动作，翻筋斗，左翻右翻，方向不停地发生变化，非常灵巧。这一环节还可以加入音乐，让幼儿在欢快的音乐中自由地玩耍。

4.搭拱桥钻爬

利用绳子搭成高低不同的拱桥，让幼儿钻、爬、跨跳、蹲着走、匍匐前进等。幼儿身体协调性、灵活性得到发展，安全意识也得到培养。

5.组合器材玩跳绳

设置游戏情景，让绳子和其他器械组合起来玩游戏。如踩平衡木后钻山洞，然后到达中转点拿起绳子跳5下短绳，然后再跑回来，玩玩、跳跳，数数能力、身体协调性等都得到发展。

大班体育游戏方案
1

一、设计意图

大班幼儿已经能够自主地跑、跳，并能参加一些基本的体育活动，传球这个游戏很受幼儿的喜爱，幼儿在游戏中能够手脚并用，达到全身的协调运动。在游戏中能获得很大的乐趣，它既增强了幼儿的体质，又强化幼儿的竞争意识和动作的协作能力。

二、活动目标

（1）锻炼幼儿的快速反应能力以及手的敏捷度。

（2）增强幼儿的合作意识，培养幼儿的集体主义感。

三、活动准备

篮球若干。

四、活动过程

教师带幼儿到户外操场，带领幼儿慢跑一圈，做简单的热身动作。

（1）导入游戏。师："老师今天和大家一起来做个传球游戏，好不好？（幼儿回答：好！）看老师怎么传。"教师和一名幼儿做示范，其他幼儿观看。

教师首先说明游戏的规则和过程。

第一种玩法：把幼儿分成两队站好不动，两队的排头各拿一个球，当教师发出命令后，拿球的幼儿快速把球传给下一名幼儿（可以从头上传、腿下传或侧身传），以此类推，哪一队最先传完则为胜。

第二种玩法：把幼儿分成两队站在起点，教师发出口令后，由每队的排头将球传给下一名幼儿，自己快速地站到队尾，以此类推，按照一定的路线移动，哪一队最先传完则为胜。

注意事项：在传球的过程中，幼儿的间隔距离要适当，相邻幼儿要互相配合，避免落地，幼儿要注意安全。

（2）游戏分组：将全班幼儿分成两个小组，站成两队四排，每组的第一名幼儿发一个篮球。

（3）开始游戏：幼儿准备好以后，哨声一响，游戏就开始。两个游戏轮流尝试进行。

（4）活动结束，对表现好的小组成员给予表扬鼓励，教师及时总结活动、反思。传球给幼儿带来了快乐，锻炼了幼儿的身体机能，幼儿都能积极主动地参与到游戏中去，在配合中增长了知识，锻炼了身体，养成了守规则的好习惯，更进一步感受了集体的合作意识的重要性。

大班体育游戏方案 2

一、教学目标

（1）初步掌握"蜈蚣爬"游戏中的合作行走方式，发展平衡协调的能力，锻炼腿部力量。

（2）能通过观察模仿、口令、方向饰物等方法感知左右空间方位，学习协调一致地合作行走。

二、教学准备

（1）经验准备：了解蜈蚣是多足的爬行动物；学习过侧行动作，有听信号向不同方向走、跑的运动经验。

（2）物质准备：球18个、塑料筐6个、小鼓1副、花环18个；音乐（比赛背景音乐、"花之舞"音乐、放松音乐等）；蜈蚣范例图片、幼儿模仿蜈蚣队形照片各1张；擦汗毛巾。

（3）能积极与同伴合作，体验多人同步行走的快乐。

三、教学过程

（一）准备活动

1.队列练习

（1）大圆→高人走→矮人走→举左手走→举右手走→切断分队走→集体左右高人走→原地向四个方向转走。

（2）热身操："Left，right，go go go!"（左右韵律操）

2.玩"小螃蟹1、2、3"游戏

（1）面对、背对教师听"左、右"信号行走。

（2）面对、背对教师听"1、2"信号行走。

（分析：教学开始部分，教师借助幼儿每日早操活动中常用集体队形及节奏欢快的韵律操，突出前后左右方位的运动，调动幼儿已有经验，为后面合作行走学习自然衔接铺垫。同时，教师针对幼儿空间知觉发展的心理特点，设计"螃蟹左右侧行"游戏，从以自身左右方位的学习，过渡到利用周围环境为参照物的左右学习，为基本部分的合作、专门性的准备。）

（二）基本部分

1.学习"蜈蚣爬"游戏活动玩法

（1）师（出示蜈蚣图片）：这是什么？是什么样子的？是怎样行走的？

（2）师（出示一组幼儿联合做蜈蚣爬的半蹲照片）：这样像蜈蚣吗？是怎么连接的？（分析动作，模仿学习：一组幼儿身体靠近，后面幼儿双手扶着前面幼儿腰两侧，腿部半蹲，站成一队。）

（3）幼儿第一次分小组自由尝试做蜈蚣行走的练习，教师观察发现幼儿迈步不协调、步速不一致等问题，引导幼儿发现探索。

2. 集中讨论玩"蜈蚣爬"游戏的好方法

（1）师：很多人合在一起走不容易，那我们就先试一试两人一组行走。

（2）幼儿两人一组，分散练习。

（3）讨论：你们是怎样玩蜈蚣走的？（师幼互动，分析要领：前后小朋友商量好，行走时先迈身体一侧的脚，再迈身体另一侧脚，像蜈蚣一样前行。）

（4）讨论：先出哪只脚呢？（左脚，因为平时做操、做事情很多都从左边开始的。引导策略：为每名幼儿提供一个花环戴在左腿上。）

（5）左腿戴上花环后，教师击掌，幼儿尝试快、慢练习行走，玩"蜈蚣爬"游戏。

（分析：幼儿分小组自由尝试探索蜈蚣合作走步成功后，从两人合作开始再次充分地进行尝试学习。由于有了探索经验，幼儿与教师很快地总结出动作要领：必须方向一致。由于幼儿左右方位知觉发展相对较弱，为排除左右方位带来的合作行走干扰，教师给予幼儿用花环戴在左腿上的帮助，以便后面教学环节中合作人数增加时也能协调一致地行走。幼儿逐渐掌握了"合作行走"的正确方法，他们边走边喊"左右、左右"的口令，合作的成功率大大提高，教师以快、慢击掌声伴奏，使幼儿的兴趣更高。同时教师的击掌也起到了控制幼儿行走节奏快、慢的作用，一举两得。）

3. 变化条件，幼儿继续进行尝试学习

（1）师：小蜈蚣长大了，试试3人合作玩"蜈蚣爬"游戏吧。（先集中讨论：人多了，怎样才能不相互踩脚？明确先行的方位；共同喊口令进行；走时队伍不能断开。）

（2）3人合作自由练习，轮流交换做排头，教师敲鼓点进行快、慢练习。

（3）游戏"蜈蚣运球"（1～2次）：6人一组，比比谁能稳稳地将球运完。

（分析：增加行走人数对于幼儿很有挑战性，有了前面的策略解决尝试，敲鼓点、轮流做排头、小竞赛都是对幼儿学习中的情境进行调节，增加了幼儿练习的兴趣。同时，提供了幼儿表现自我、认真学练的机会。教师在每次活动中均有重点地对个别幼儿进行指导帮助。）

（三）教学结束

（1）放松身心，两人一组跳集体舞"花之舞"，两人面对面方向做一次，各自向左右方向做一次。

（2）调节身体，结束。

（分析：针对本次活动腿部控制较多，特别安排进行"花之舞"中踢踏放松律动，缓解腿部疲劳。游戏结束后幼儿心理、生理也就逐渐地恢复到相对安静的状态。同时，利用面对面跳舞再次让幼儿自然体验左右方向，再次渗透了左右空间方位的学习。）

大班体育游戏方案
3

一、活动目标

（1）让幼儿体验探索的乐趣、成功的喜悦、合作的愉快。

（2）通过多次尝试玩大口袋，结合袋子可打开、收拢、折叠等特征，积极探索各种不同的玩法，并大胆设想合作着玩。

（3）重点：结合大口袋的特征探索玩法。

（4）难点：合作探索玩法。

二、活动准备

（1）提供尽量多供幼儿探索的米袋，若干较大的口袋供幼儿钻，音乐磁带，录音机。

（2）游戏事先布置好场地，用米袋罩住椅子作为"碉堡"，米袋与钻的圈相连作为地道。

三、活动流程

和大口袋快乐地跳舞—自由探索各种玩法—合作、组合探索这种玩法—游戏"炸碉堡"，综合大口袋的各种玩法—结束游戏，快乐地跟着音乐放松身体。

四、活动过程

1. 和大口袋快乐地跳舞、活动身体，激发幼儿对大口袋的探索兴趣

（1）教师启发：今天老师给大家带来一样从来没有玩过的宝贝，（出示大口袋）这是什么呀？你们想不想和大口袋一起跳舞？

（2）每个小朋友拿一个大口袋，跟着大家一起快乐地跳舞，引导幼儿自己想出各种跳舞的样子。

2. 幼儿自由探索大口袋的玩法

教师启发：袋子除了跳舞，还可以怎么玩？大家赶快找一个地方试试看吧。

大班体育游戏方案
4

一、活动目标

（1）练习原地向上纵跳抛物。

（2）活动中会听信号，按要求活动。

二、活动准备

（1）组织幼儿制作雪花。幼儿按意愿将纸（如挂历、报纸、美工活动剩下的边料）剪成或撕成各种长条或花边，当作"雪花"，每人自制若干。

（2）教师使用的箩筐、铃鼓等。

三、活动过程

1.开展游戏"雪花飘飘"

（1）每个幼儿向上纵跳的同时，将"雪花"抛向空中，然后尽力接住。比一比谁抛得高、接得准、接住的次数多。

（2）幼儿自由结伴，一人抛"雪花"，一人接，然后互换角色进行游戏，看谁抛得高、接住的次数多。

（教师注意观察体力弱的幼儿，与其结伴游戏，鼓励他们用力向上抛。）

2.师幼共同开展游戏"风儿与雪花"

（1）幼儿手持自制雪花，扮"小雪花"，教师扮"风婆婆"或"风爷爷"，摇动铃鼓。引导幼儿根据铃鼓声的速度、音量变化，在场地内慢跑、快跑、快走，随着渐弱的铃鼓声慢慢原地蹲下来。

（2）幼儿熟悉游戏后，可请个别幼儿扮"风婆婆"或"风爷爷"，幼儿继续游戏。

3.组织幼儿玩"扫雪花"的游戏

教师扮"扫雪人"，幼儿扮"小雪花"。扫到哪片"小雪花"，哪个幼儿就把自己的雪花放在箩筐内，留作下次用。

大班体育游戏方案 5

一、活动目标

教师提供丰富的活动材料（各色布袋、多个竹圈、塑料瓶、彩圈、彩带等），并且鼓励幼儿大胆尝试，体验户外体育活动的乐趣。

二、活动准备

（1）提供丰富的活动材料，设置各类障碍（"独木桥""小山""小河""山洞"等）。

（2）创设轻松、愉快的活动气氛，播放活泼、欢乐的音乐。利用游戏的形式，引导幼儿参观各种活动区，初步了解活动区里的玩具及基本玩法。

（3）热身运动。大森林里要评选"本领最棒的小动物"啦。小动物都要去活动场练本领，先来做一下"运动操"。（播放活泼的音乐，做动物模仿操。）

（4）熟悉活动场。引导幼儿初步了解活动玩具的主要特征，认识设置的相关障碍物。

（5）初步尝试。引导幼儿选择户外活动玩具，初步尝试各种运动，并启发幼儿回答：你扮演的是什么小动物？练习了什么本领？你和哪些玩具做了朋友？

在轻松愉快的气氛下，鼓励幼儿再次大胆尝试各种活动。

（1）鼓励幼儿独自或结伴合作活动，进一步体验户外活动的乐趣。

（2）幼儿个别展示，集体尝试，教师鼓励表扬积极参与活动的幼儿。

①用彩条铺条"小路"练习走路。

②套着彩色布袋学"小袋鼠"跳，学"小泥鳅"滚草地。

③把"小太阳"（飞碟）顶在头上学杂技叔叔平衡走（平稳行走），发展幼儿平衡能力；也可以把飞碟投向空中，练习手臂投掷动作。

三、活动过程

大森林评选"本领最棒小动物"活动开始啦。请小动物们表演自己的本领。

（1）引导幼儿熟悉游戏情景（竹圈搭成的"山洞""独木桥"、两根长软棍搭成的"小沟"、彩带铺的"小河"等）。

（2）鼓励幼儿自由结伴或独自选择活动。

①钻爬区：引导幼儿学"小乌龟"，爬"草地"，过"小桥"，钻"山洞"。

②跳跃区：引导幼儿学"小白兔"，变换各种方法跳过"小河"或"小沟"。

③平衡区：引导幼儿学杂技表演，顶着"小太阳"（飞碟）走各种小路。

④投掷区：引导幼儿选择不同的辅助材料（如沙包、飞碟等），向"大灰狼"投掷，打败"大灰狼"（图片）。

（3）开展巩固游戏的活动。

大森林中发出紧急通告：许多小白兔被大灰狼抓起来了，小动物们快去救救他们吧。

利用各种活动材料（布袋、彩圈、飞碟、沙包等），爬（滚）过一片"草地"，走过"小桥"，跳过"小河"，跨过"小沟"，钻过"山洞"，到达"大灰狼"的家，以击中"大灰狼"救出"小动物"为胜利。

复习思考题

1. 简述学前儿童运动器械活动的特点。
2. 简述学前儿童运动器械活动的功能。
3. 尝试对学前儿童运动器械活动进行分类。
4. 组织学前儿童进行运动器械活动的注意事项有哪些？

学前儿童体育游戏

知识目标

- 理解学前儿童体育游戏的特点、分类及创编原则。
- 掌握学前儿童体育游戏的结构及创编方法。

技能目标

- 能够基本组织学前儿童进行体育游戏。
- 能够组织基本的学前儿童体育游戏教学活动。
- 能够创编基本的学前儿童体育游戏。

素质目标

- 树立创新意识，激发学生的游戏创造力。
- 扩宽游戏知识面，能运用专业理论、方法、技能解决问题。

知识结构图

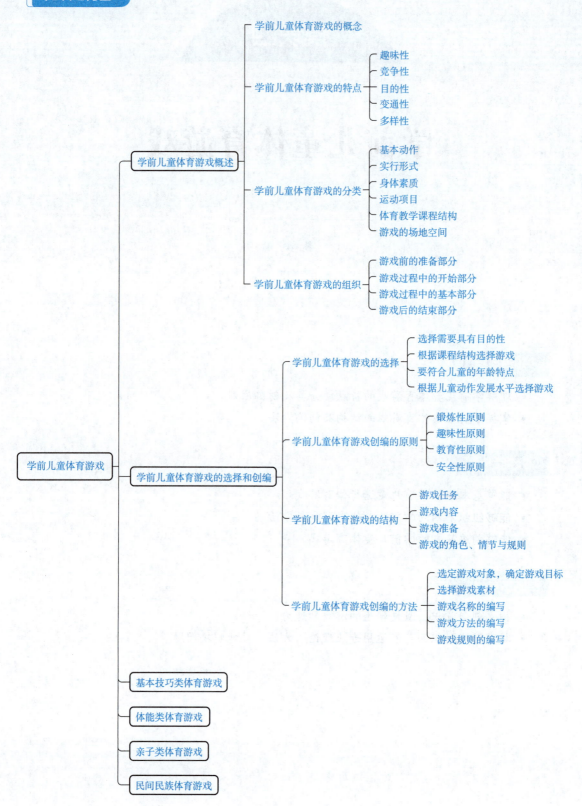

学前儿童体育游戏
├─ 学前儿童体育游戏概述
│   ├─ 学前儿童体育游戏的概念
│   ├─ 学前儿童体育游戏的特点
│   │   ├─ 趣味性
│   │   ├─ 竞争性
│   │   ├─ 目的性
│   │   ├─ 变通性
│   │   └─ 多样性
│   ├─ 学前儿童体育游戏的分类
│   │   ├─ 基本动作
│   │   ├─ 实行形式
│   │   ├─ 身体素质
│   │   ├─ 运动项目
│   │   ├─ 体育教学课程结构
│   │   └─ 游戏的场地空间
│   └─ 学前儿童体育游戏的组织
│   ├─ 游戏前的准备部分
│   ├─ 游戏过程中的开始部分
│   ├─ 游戏过程中的基本部分
│   └─ 游戏后的结束部分
├─ 学前儿童体育游戏的选择和创编
│   ├─ 学前儿童体育游戏的选择
│   │   ├─ 选择需要具有目的性
│   │   ├─ 根据课程结构选择游戏
│   │   ├─ 要符合儿童的年龄特点
│   │   └─ 根据儿童动作发展水平选择游戏
│   ├─ 学前儿童体育游戏创编的原则
│   │   ├─ 锻炼性原则
│   │   ├─ 趣味性原则
│   │   ├─ 教育性原则
│   │   └─ 安全性原则
│   ├─ 学前儿童体育游戏的结构
│   │   ├─ 游戏任务
│   │   ├─ 游戏内容
│   │   ├─ 游戏准备
│   │   └─ 游戏的角色、情节与规则
│   └─ 学前儿童体育游戏创编的方法
│   ├─ 选定游戏对象,确定游戏目标
│   ├─ 选择游戏素材
│   ├─ 游戏名称的编写
│   ├─ 游戏方法的编写
│   └─ 游戏规则的编写
├─ 基本技巧类体育游戏
├─ 体能类体育游戏
├─ 亲子类体育游戏
└─ 民间民族体育游戏

单元一　学前儿童体育游戏概述

学前儿童体育游戏是学前教育的组成部分，它融体力发展、智力发展、身心娱乐为一体，既是游戏的组成部分，又与体育运动有着密切的关系。

一、学前儿童体育游戏的概念

学前儿童体育游戏是学前儿童身心健康成长过程中不可或缺的组成部分，是儿童认识世界的重要途径，能够遵循 3 ～ 6 岁儿童身体生长发育的特点和规律，培养学前儿童在语言、认知、注意、记忆、情绪、性格等方面发展的一系列教育活动。

二、学前儿童体育游戏的特点

学前儿童体育游戏属于儿童体育活动，其游戏活动的组织、形式、内容和时间等方面，需要遵循学前儿童身心发展的特点。

（一）趣味性

趣味性是体育游戏最大的特性。有趣味的、有故事性的体育游戏活动能让幼儿在游戏中感到愉快，不会感到枯燥和厌倦，提高其参与的积极性和主动性。如果没有趣味性就不能称之为体育游戏，而只能称之为体育练习或训练。

（二）竞争性

学前儿童体育游戏一般会设计一定的奖惩措施，对抗的双方在规则的约束下通过完成任务来评判游戏的胜负。在完成任务的过程中，既有体力上的竞争，又有智力上的比拼，结合体力与智力获得最后的胜利，儿童能够从竞争中得到快乐和满足。

（三）目的性

儿童体育游戏主要是通过身体运动的方式进行的，有着明确的目的性，即增强体质，通过走、跑、跳、投、攀登、悬垂、负重等身体运动为基本方式进行体育游戏，可以增强儿童的身体素质，提高身体活动能力和适应外界环境的能力。

（四）变通性

学前儿童体育游戏的形式简单，对场地器材的要求不高，容易实施，可以根据现场的实际情况决定游戏的方法、形式、规则，因地制宜、因材施教地开展一场完整的儿童体育游戏活动。

（五）多样性

无论游戏多么有趣，如果反复玩固定的几个，学生都会感到厌倦，不利于学生的发展，针对教材内容设计、改编多样的游戏内容，能够使儿童接触的游戏一直新颖，激发儿童参与游戏的积极性。

三、学前儿童体育游戏的分类

体育游戏分类虽然很多，但在教学中也不能随意使用，要依据教学的目的、内容来选择适当的体育游戏，依据学前儿童发展情况来选择适当的体育游戏，避免太复杂或时间过长的游戏，儿童无法完成，则失去体育游戏的教学意义。全面了解体育游戏的分类方法，能够更好地实现体育游戏的目标。学前儿童体育游戏的类型主要有以下几种。

（1）按基本动作进行分类：可分为走的游戏、跑的游戏、跳跃的游戏、投掷的游戏、钻爬和攀登的游戏、平衡和翻滚的游戏等。

（2）按游戏实行的形式进行分类：可分为接力游戏、追逐游戏、角斗游戏、攻防争夺游戏和传递抛接游戏等。

（3）按身体素质进行分类：可分为速度游戏、力量游戏、灵敏游戏和耐力游戏等。

（4）按运动项目进行分类：可分为篮球游戏、排球游戏、足球游戏、田径游戏、体操游戏和武术游戏等。

（5）按体育教学课的结构分类：可分为准备部分的集中注意力类、基本部分的提高兴奋性类、结束部分的整理与放松类。

（6）按所在游戏的场地空间分类：可分为室内游戏和室外游戏。

四、学前儿童体育游戏的组织

（一）游戏前的准备部分

1. 游戏场地准备

游戏场地是开展儿童体育游戏的场所。在儿童体育游戏中，教师需要充分考虑场地是否有利于儿童游戏的开展，有计划地提前准备宽敞、安全、有吸引力的场地，准备期间教师可以鼓励儿童参与设计，布置游戏场地，提高儿童参与游戏的主动性和积极性。

2. 游戏材料的准备

材料准备包括游戏所需的玩具及材料，是教师组织游戏开展的重要环节。准备的过程也是儿童参与游戏的过程，教师可以鼓励儿童一起参与到其中，儿童是游戏的主要参与者，游戏需要什么材料，游戏该怎么进行，儿童心里更加清楚，这样能节省教师准备材料所需的大量时间，给儿童提供更多的活动机会，有利于儿童创造性思维的培养。

（二）游戏过程中的开始部分

游戏过程中的开始部分主要任务就是把儿童迅速地组织起来，集中其注意力，明确体育游戏活动的内容与要求，激发他们参与体育游戏活动的兴趣，并通过做一些基本体操或开展一些运动负荷不大的体能动作，让儿童的身心达到做游戏所需要的状态。

（三）游戏过程中的基本部分

基本部分是学前儿童体育游戏的主要环节，用时最长。在这期间，教师应通过生动的语言讲解，让儿童理解游戏的方法、规则和奖惩等。讲解之后，教师进行示范，使儿童进一步明确游戏的动作要求，并在游戏过程中不断巡回指导，适当给予鼓励，激发儿童的情绪，引导儿童积极完成游戏。一旦发现儿童在游戏过程中遇到困难，必须第一时间帮助儿童解决问题。游戏的最后，作为评判教师，要秉承公平、公正的原则评判游戏的结果。

（四）游戏后的结束部分

结束部分主要是为了让儿童从紧张刺激的游戏中恢复到平常状态，通过做一些身体放松的活动和动作，儿童肌肉放松、消除疲劳，呼吸心率得到恢复，同时教师要做好课后总结工作，对游戏过程中表现良好的小组或儿童做出表扬和奖励，对个别表现不佳的小组或儿童做出一定的指导与鼓励，这样可以使学生对游戏更加的喜爱，为下次更好地完成游戏活动打下基础。

单元二　学前儿童体育游戏的选择和创编

一、学前儿童体育游戏的选择

（一）体育游戏的选择需要具有目的性

任何教学都需要具有明确的目的性，体育游戏活动也不例外，教师在游戏活动前要确定好体育游戏活动的目的，有针对性地进行选择。例如，为了发展儿童下肢能力，可以选择"小青蛙跳荷叶""双脚控纸球"等游戏；为了发展跑步能力，可以选择"春种秋收""看旋风跑"等游戏；为了发展儿童团队协作能力，可以选择"搭桥接力""球球接力赛"等游戏。

（二）根据课程结构选择游戏

（1）准备部分：选择一些运动负荷较小的，能够集中儿童的注意力，同时又能充分热身的游戏。

（2）中间部分：运动负荷需要稍微加大，选择能够提高兴奋性的基本动作练习游戏或锻炼体能的游戏。

（3）结束部分：选择整理与放松为主的游戏，突出趣味性，形式以轻松、活泼为宜。

（三）要符合儿童的年龄特点

各年龄段的儿童在体能和智能方面都有较大的差别，所选编的游戏也要符合其特点。

（1）小班儿童正处在身体生长发育的初期阶段，体力还较弱，对于走、跑、跳、投等基本动作还在初学阶段，动作缺乏协调性和准确性，但模仿能力强，对游戏中的动作、角色、情节感兴趣，而游戏的结果则不太注意。规则少，完成共同任务的游戏，对游戏的结果不太感兴趣。

（2）中班儿童体力有所增强，动作有了明显的进步，动作也较协调，平衡能力提高，而且有信心完成具有一定难度的动作，他们的智力进一步发展，空间知觉能力增强，注意力较易集中，可以比较自觉地遵守游戏规则，更喜欢一些有情节、有角色、有追逐性的游戏。

（3）大班儿童比中班儿童身体更加壮实，体力更加充沛，已经能较熟练地掌握各种动作的基本要领，而且动作显得干练有力、灵活自如，同时，随着认知范围的扩大，大班的儿童观察、分析和理解能力有了明显的提高，并开始具有了组织和控制能力，增强了责任感，更喜欢一些有胜负结果的游戏。

（四）根据儿童动作发展水平选择游戏

科学地选择体育游戏，能促进儿童认知能力的发展。选择体育游戏时，要考虑儿童动作发展水平及认知发展的状况，遵循儿童身体生理机能活动变化的规律和特点，注意游戏强度与密度的合理搭配，注意上肢活动与下肢活动的有机结合，由易到难、由简到繁地进行选择。如果选择不合理容易导致运动负荷过大，发生伤害事故。

二、学前儿童体育游戏创编的原则

随着社会的不断发展，人们对儿童素质的发展愈加关注。游戏作为幼儿园一种必不可少的教学途径，是教师引导儿童认识世界的有效手段，可以引导儿童对世界进行探索和学习，但是多数儿童体育游戏相对比较传统，缺乏创新性，这些传统的儿童体育游戏不足以满足儿童多样化的游戏需求。因此，学前教师紧随时代，充分结合儿童的心理特点和生理特点，将儿童能够做和喜欢做的动作创编到游戏内容中，让他们感觉到游戏的有趣就尤为重要了。下面介绍创编体育游戏时应遵循的几大原则。

（一）锻炼性原则

学前儿童体育游戏与一般游戏的区别较大，首要目标是提高儿童的身体素质。在儿童体育游戏的实践中，不应只关注到体育游戏的娱乐性，而忽略了锻炼性，应根据儿童的年龄、性别及实际活动能力等特点，来确定相应的运动负荷量、动作难度和活动方式。

（二）趣味性原则

在创编儿童体育游戏过程中，教师应充分结合儿童生活实际，明确体育游戏的主题，选择游戏活动素材，抓住儿童活动的兴趣点，精心设计游戏情节。也需要根据班级内儿童的兴趣爱好和性格特点，合理安排儿童熟悉、喜爱的角色，满足不同儿童的兴趣需要，开展儿童游戏活动，让每个儿童都可以通过扮演某个特定角色来感受体育游戏的趣味性，能够更加积极地参与体育游戏。

（三）教育性原则

古人讲寓教于乐，儿童体育游戏也应贯彻这一教育原则，引导体育游戏的内容及开展的过程中应该兼顾上述各方面的教育目标，帮助儿童在"玩中学、学中做"，要让儿童在玩游戏的过程中发展认知能力，培养其遵守规则、服从集体、团结协作的行为习惯，以及诚实友爱、互相帮助的优良品质。

（四）安全性原则

体育游戏教学的最终目的是促进儿童的身心健康，因此，在创编体育游戏过程中，应把安全原则放在突出位置。儿童正处于生理和心理发展的初级阶段，注意力不易集中，活泼好动，任何细微的差错都有可能导致意外出现，教师需要对游戏的每个细节反复检查实践，考虑游戏是否存在安全隐患，论证游戏的组织教学方法是否科学、合理。

三、学前儿童体育游戏的结构

学前儿童体育游戏的结构包括游戏任务、游戏内容、游戏准备以及游戏的角色、情节与规则。

（一）游戏任务

学前儿童体育游戏的主要任务是发展儿童的基本动作和身体机能，促进儿童身体发育和技能的协调发展。同时在游戏的过程中可以促进儿童注意力、观察力、思维能力的发展，提高儿童的认知水平，培养儿童社会适应和人际交往的能力。

（二）游戏内容

学前儿童体育游戏的内容主要以身体动作走、跑、跳、投、钻爬、平衡、攀登、翻滚等基本动作或技能内容为主，依靠儿童对体育游戏的兴趣，灵活地对其进行心理健康的教育。

（三）游戏准备

教师丰富的游戏经验、合理的游戏时间、科学的游戏场地布置、充足的游戏器材，都是游戏能够顺利开展的前提条件。

（四）游戏的角色、情节与规则

学前儿童游戏通过对儿童熟悉的角色构建游戏的情节，丰富逼真的游戏情节，能够充分激发儿童游戏的兴趣，明确游戏情节的规则，使游戏不单单是简单的模仿，而是有组织、有约束的趣味性教育活动，游戏规则可以防止游戏中出现各类纠纷和混乱局面，保证游戏合理、顺利、有效地开展。

四、学前儿童体育游戏创编的方法

创编游戏要根据游戏和儿童本身的特点来进行改编，有了明确的目标就能设计出一款让儿童能在生活中与学习中都能得心应手的游戏。

（一）选定游戏对象，确定游戏目标

在进行儿童体育游戏创编时，首先要明确创编的体育游戏是针对哪个班龄儿童，该年龄段儿童的体能、身体素质发展状况如何，以便于后续游戏创编工作的开展。其次，要跳出体育游戏只有"体"的概念，不能让游戏的体育性过强，要结合儿童心理情感的发展，全面突出儿童体育游戏的教育性。

（二）选择游戏素材

儿童体育游戏所采用的素材主要是发展身体基本活动能力、提高身体素质、运动项目、组织形式、有无竞赛、民族民间等，选择素材要以体育动作为主，但又不仅限于体育动作。

（三）游戏名称的编写

从心理上看，儿童好动，充满好奇心和求知欲，在进行游戏名称编写的过程中，要充分结合儿童的心理特点，将儿童喜欢、新颖的词汇融入游戏中。另外，儿童年龄较小，儿童体育游戏在创编时内容不能过于空洞无物、复杂难以理解，而是要将游戏进行物化，避免随着时间的推移而遗忘。

（四）游戏方法的编写

在儿童体育游戏创编中，游戏方法是游戏创编中的主要部分。要突出游戏的组织、儿童的分组过程、游戏的进行形式、游戏结果的评定等。

（五）游戏规则的编写

游戏规则是指导儿童玩游戏时必须遵守的要求，是保证游戏顺利进行的必要条件。制定儿童体育游戏规则时，应力求简单、具体、明确，有利于游戏的开展和进行，游戏的规则主要有以下几点：第一，明确合理与犯规、成功与失败的界限；第二，明确对犯规者（或犯规队）的处理办法；第三，有利于维护游戏的安全；第四，游戏的规则要有一定的灵活性。

单元三　基本技巧类体育游戏

一、游戏名称：连体人

（1）游戏目标：

①发展身体的控制能力，锻炼身体的平衡性。

②通过与同伴玩"连体人"游戏，发展幼儿合作运动的能力。

③学会与同伴协商合作游戏，体会合作游戏的快乐。

（2）游戏准备：报纸若干张，平衡木两个。

（3）游戏规则：两人一组，将报纸展开挖两个洞，分别套在两人的脖子上，将两人连在一起，然后，两人按指定路线走、跑、走平衡木等。如报纸中途破碎则停止游戏，以报纸不破碎且完成指定路线者为优胜。

（4）注意事项：两人同行，相互照顾。

二、游戏名称：荷花几时开

（1）游戏目标：

①增强快速奔跑和追逐的能力。

②提高动作的反应速度和敏捷性，激发幼儿对体育游戏的兴趣。

③增强合作精神，增强竞争意识。

（2）游戏准备：空旷的场地。

（3）游戏规则：幼儿围成一个大圆圈，请几名幼儿蹲在圈内扮演"荷花"，圈上的幼儿边念儿歌边围着"荷花"走，当念到"六月荷花朵朵开"时，圈上幼儿做开花动作后分散跑开，而圈内的"荷花"就跑去抓住他们，抓到幼儿就算获胜。

（4）注意事项：不能撞到其他小朋友。

三、游戏名称：丢沙包

（1）游戏目标：

①引导幼儿探索各种玩沙包的方法。

②锻炼幼儿抛、扔、投及躲闪的能力。

③发展幼儿的创造力、协调能力及协作能力。

④激发幼儿探索身体运动的乐趣。

（2）游戏准备：沙包、空旷的场地。

（3）游戏规则：游戏的人数最少为三人，最高不限。在一个大约是羽毛球场大小的地区中游戏，其中的两个人站在场地的两端，为丢沙包的人，两人互相传接。其余的一人在场地中可任意跑动，躲避两个人的沙包传接。被打到则算死掉一次。相反，被场中的人接到沙包一次，就可以得到一条命。接沙包可以分单手或双手，单手接沙包和双手接沙包所得到的命数量不同，此数量可由游戏者规定。场地中者接到沙包后，可以"保命"或"点地"。保命即保存着一条命。点地就是不保存着一条命，但须在场地中点一下地，再向场外扔出。

（4）注意事项：一是不能撞到其他小朋友；二是接沙包时注意手型。

四、游戏名称：小兔子找山洞

（1）游戏目标：

①培养幼儿遵守游戏规则进行游戏活动的良好习惯，感受游戏的快乐。

②发展幼儿的灵敏能力，训练幼儿急速奔跑的能力和身体协调运动的能力。

③让幼儿适应角色的变化，培养幼儿的适应能力。

（2）游戏准备：空旷的场地。

（3）游戏规则：一个幼儿当大灰狼，一个幼儿当逃跑的小兔子，其余一部分幼儿两两组合搭一个山洞（手牵手举过头顶），另一部分幼儿当躲在山洞里的小兔子，每个山洞只能躲一只兔子。游戏开始，大灰狼去追那只在外面的兔子，小兔子赶紧跑，去找一个山洞躲起来，当钻进洞时，原先在洞里的小兔子赶紧逃出来去找另一个洞，游戏继续。如果被抓住了，大灰狼与小兔子互换角色继续。

五、游戏名称：捉龙虾

（1）游戏目标：

①锻炼幼儿单脚站立和单脚跳跃的能力。

②培养幼儿的合作意识和合作能力，让幼儿体验到游戏的快乐。

③发展幼儿的观察比较能力。

④通过小组合作，共同商量表达表现的形式，大胆表演。

（2）游戏准备：空旷的场地。

（3）游戏规则：大部分幼儿单脚站立或跳跃当龙虾，其中两名幼儿手拉手当渔网去捉龙虾，若被抓住了就当渔网与其他两名幼儿手拉手去抓龙虾，直到所有的龙虾被捉住，游戏结束。如果快被捉住了就蹲下来表示安全，不能去捉了。

六、游戏名称：小老鼠偷油吃

（1）游戏目标：

①通过游戏，练习双脚站立从 30～35 厘米处往下跳，锻炼幼儿的弹跳能力。

②发展幼儿跑的动作，激发幼儿游戏兴趣，学会与同伴交流与交往。

（2）游戏准备：小椅子六把，宽阔的活动场地。

（3）游戏规则：教师请一名幼儿当老猫，蹲在场地中央，其余幼儿当小老鼠，分成六个小组，分别站在小椅子后面（鼠洞）。游戏开始，一起念儿歌："小老鼠，上灯台，偷油吃，跳下来。"念完儿歌，各组"老鼠"一个接一个依次站在自己面前的小椅子上，从椅子上双脚跳下，轻轻落地（不要吵醒"老猫"），在场地上分散"偷油吃"，待"老鼠"连续跳过几次后，教师发出信号："猫"醒了！被吵醒的"老猫"马上发出喵呜的叫声，站起来四处追捉场地上的"老鼠"，"老鼠"赶快跑回自己的"鼠洞"站好，被捉到的第一只"老鼠"跟"猫"互换角色，游戏重新开始。

（4）注意事项："老鼠"必须双脚从小椅子上轻轻跳下。"猫"只能捉场地上的"老鼠"，被"猫"拍到就算捉到。

创新玩法：幼儿熟悉游戏玩法后，如场地较大，可增加到两只或三只"猫"，捉到的"小老鼠"多，增加游戏的趣味性。

七、游戏名称：小猴摘桃

（1）游戏目标：

①让幼儿练习两手两膝着地向前爬行。

②能动作熟练地钻过山洞，跳起摘桃，培养幼儿动作的协调性和弹跳力。

③指导幼儿遵守游戏中三项规则，培养幼儿的规则意识。

（2）游戏准备：桌子四张，垫子四条，小篮子四只，桃子图片若干。

（3）游戏规则：幼儿分四队站在起跑线后，游戏开始，教师发出信号，各队第一个幼儿向前跑去，两手两膝着地爬过山洞，跑到横杆下，双脚向上跳起摘一个桃子，转身直接跑回，将桃子放进小篮子里，拍第二个幼儿的手，站到队尾，依次进行，最后以先摘完桃子的队为胜。

（4）注意事项：

①为提高幼儿练习的积极性，可让幼儿第一次去给树捉虫，第二次再去摘桃子。

②注意对不遵守规则的幼儿及时纠正，对比赛中不遵守规则而取胜的一队可不予表扬，而要指出问题后重新比赛，以示规则的严肃性。

③应提醒幼儿在桌子下面钻爬时注意安全。

八、游戏名称：螃蟹运球

（1）游戏目标：

①锻炼幼儿身体的协调能力，培养幼儿的规则意识、合作意识及竞争意识。

②幼儿能在游戏中体验游戏带来的快乐。

（2）游戏准备：螃蟹头饰若干、皮球若干。

（3）游戏规则：男女两队，排在前面的两个幼儿为一组，两人学小螃蟹的姿势，背靠背，夹住球。胳膊像钳夹一样互相钩住，向前走，走到标志处再走回来，把球放入筐内，然后排在队尾等待下次继续玩。下一组幼儿只要前一组把球放入筐内就可以出发。两只"小螃蟹"一定要注意团结协作好，球不要掉下来，如果掉了，则需从头再来，走时一定要注意安全。

九、游戏名称：弹打灰太狼

（1）游戏目标：

①学习肩上挥臂投物的动作，促进上肢肌肉的发展。

②复习走平衡木、连跳的动作技能；培养幼儿团结协作、勇敢的品质。

（2）游戏准备：沙包若干、灰太狼图片、小彩旗、轮胎、平衡木、音乐《我最棒》《别看我只是一只羊》。

（3）游戏规则：

①幼儿分成人数相等的两队，分别站在起跑线后。游戏开始，教师发出信号："出发！"每队立即跑出，走过30厘米的平衡木，连跳两个25厘米高的轮胎，拿起沙包，向"灰太狼"投去。再从两侧直接跑回拍第二个幼儿的手，然后站到队尾。依次进行，以打中"灰太狼"返回速度快者为胜。

②起跳时双脚同时跳起，未按要求的，应重新完成。

③每名幼儿每次只能投一个沙包，接力的幼儿要拍到手后才能跑。

十、游戏名称：过西瓜地

（1）游戏目标：

①能积极主动地参与体育游戏活动，体验攀爬运动的乐趣并能坚持参加活动。

②锻炼幼儿手臂的力量，训练动作的协调性和身体的灵活性。

③培养幼儿对体育运动的兴趣爱好。

（2）游戏准备：西瓜图片、平整较开阔的场地。

（3）游戏规则：部分幼儿分散在场地中团身扮西瓜，另一部分幼儿扮演小猪，小心地爬过"西瓜地"，不碰撞"西瓜"。扮西瓜的幼儿在场地中不断地移动身体成滚动的"西瓜"，"小猪"们小心地过"西瓜地"，不被滚动的"西瓜"碰上。"小猪"若碰触到"西瓜"，扮西瓜者大叫一声"嘭"躺倒在地，"小猪"则站到场外，暂停游戏一次。

十一、游戏名称：踩报纸

（1）游戏目标：通过报纸的游戏，发展幼儿的平衡能力。

（2）游戏准备：报纸若干。

（3）游戏规则：

①幼儿分成人数相等的两队，面对面站在场地两端。每人两张报纸，先铺一张在地上，双脚站上去；再把另一张铺在前方，双脚再走到上面；然后把身后的一张报纸对折，放在前面，再站上去。以此类推，直到报纸越变越小，双脚站不下时，可单脚站立，谁能

站在报纸上脚不落地，而且坚持到最后，谁就赢。

②脚必须站在报纸范围内，单脚站立时另一只脚不能落地。

十二、幼儿平衡攀爬游戏

（1）游戏目标：

①激发幼儿参与体育活动的兴趣，培养幼儿的独立意识，体验成功的喜悦。

②发展幼儿身体动作的协调性，增强幼儿的体质。

③通过游戏引导幼儿走过平衡木、渡过攀岩墙，发展幼儿平衡、攀爬、协调等基本动作。

④锻炼幼儿平衡能力及快速反应能力。

⑤鼓励幼儿积极参与游戏，体验游戏带来的快乐。

（2）游戏准备：攀岩墙一面、平衡木一条、荡木一条、跳绳两根、大皮球若干。

（3）游戏规则：

①小班："过小桥"。从起点开始自己独立走过平衡木，到达终点后连续拍球10下，即可获得奖品。

②中班："过荡桥"。从起点开始自己独立走过"荡桥"，到达终点后连续跳绳20下，即可获得奖品。

③大班："过攀岩"。从起点开始自己独立走过"攀岩"，到达终点后连续跳绳20下，即可获得奖品。

④幼儿必须按规定数量完成游戏。

⑤一切活动都要幼儿自己独立完成，教师可以提醒，但不可以帮助。

单元四　体能类体育游戏

一、游戏名称：夹沙包接力

（1）游戏目标：

①教会幼儿夹沙包跳的动作，培养幼儿的弹跳力和动作的协调性。

②培养幼儿与同伴之间的相互合作能力。

③发展创造力。

（2）游戏准备：沙包。

（3）游戏规则：听信号，每队第一名幼儿开始用双脚夹沙包跳至前方指定位置，拿起沙包快跑回来，交给下一位同伴，哪队先跳完则为胜。

（4）建议：可以先进行自抛接沙包、互抛接沙包、头顶沙包投运等。

夹沙包跳示范讲解：两脚前部夹紧沙包，跳起用力抛出。

二、游戏名称：双脚控纸球

（1）游戏目标：

①结合器材进行跳跃练习，提高幼儿用脚控制物品的能力。

②增强幼儿下肢力量及协调能力。

（2）游戏准备：纸球。

（3）游戏规则：

①第一步：小朋友们分成若干组，成纵队站立，每个小朋友发放一个纸球。游戏开始，排头双脚夹一纸球，向前连续跳跃，到达终点后，用双脚把纸球向前抛入指定的区域内，跑回起点，拍下一名小朋友的手，下一名小朋友开始双脚夹纸球，向前连续跳跃，到达终点后，用双脚把纸球向前抛入指定的区域内，跑回起点，拍下一名小朋友的手，如此反复，最快一组为胜。

②第二步：每组一个纸球，排头双脚夹一纸球站于起点，游戏开始，排头尽力用双脚把纸球抛出，跑到纸球停滞处，用双脚把纸球夹住再次向前抛出，如此反复，到达终点后，再从终点把纸球抛回起点；第二名小朋友接到纸球后才能出发，依次轮换，最先完成组为胜。（在整个抛运纸球的过程中，不允许用手拿球。回到起点，允许下一名小朋友用手把球夹好，再开始。）

（4）建议：双脚夹抛纸球后用手接住的游戏方法，可用于幼儿平时独自进行的各种自由活动中，此方法在基本动作之上，可不断增大难度，例如，抛起的高度、纸球由后向身前抛起、转体次数等。

三、游戏名称：小青蛙跳荷叶

（1）游戏目标。练习跑，进行双腿站立跳及蹲跳的动作并培养幼儿的观察力、机敏性和竞争性。

（2）游戏准备。平坦的场地（四周画些圆圈当作荷叶，圆圈数要比幼儿数少1个，圈与圈之间要拉开距离）。

（3）游戏规则。游戏口令：圆圆的荷叶，圆圆的台，小青蛙跳水，扑通扑通！全体幼儿都站在圆圈里，每人一圈。其中一名幼儿没有圆圈。游戏开始，大家齐声说游戏口令，说完最后一句时，站在圈内的小朋友立刻跑出来和其他小朋友互换位置，每个幼儿必须离开自己的圈，不能站着不动。这时，站在中间的幼儿趁机也去占圈，没占到圈的幼儿再站在中间，游戏重新开始。

（4）建议。

①可逐渐增加游戏难度，从跑改成双腿跳，再从站立跳到双腿蹲跳。

②此游戏不宜人数过多。如果人数多，可将全体幼儿分小组进行。

四、游戏名称：编花篮

（1）游戏目标：

①锻炼幼儿单腿站立、单脚跳跃的能力。

②通过游戏提高幼儿的合作能力，培养他们互相协调、团结友爱的精神。

（2）游戏准备："健康歌"光盘、一块平坦的场地。

（3）游戏规则：幼儿们先手拉手站好，其中一名幼儿将自己的一条腿放在旁边两名幼儿的手上，单腿站立，然后，幼儿依次将自己的一条腿放在另一名幼儿的腿上，所有幼儿将腿搭好后，最先那名幼儿的腿放在最后一名幼儿的腿上，开始游戏，边单腿跳边唱儿歌："编、编、编花篮，花篮里面有小孩，小孩的名字叫花篮"。

（4）建议：

①参加游戏的人数应在三人以上。

②若有一个小孩的腿掉下来了，则游戏需重新开始。

五、游戏名称：斗鸡

（1）游戏目标：发展下肢力量和身体平衡能力。

（2）游戏准备：平坦场地。

（3）游戏规则：两名幼儿面对面站立，各把一条腿弯起来，用一只手抓住弯起来的腿，用另一条腿跳着去顶撞对方，使对方站立不稳或抓住脚的手松下来，但不可用手推，弯起的腿落下来者则为输者。

（4）建议：

①可以先让幼儿原地熟练掌握单腿站，逐步进行单腿移动练习，最后可以进行比赛。

②注意不能用手推对方，不能用腿跷起对方，使对方失去平衡，导致摔倒。

六、游戏名称：小推车

（1）游戏目标：发展上肢力量和腰腹力量。

（2）游戏准备：圆滚筒若干，平坦场地，垫子若干。

（3）游戏规则：每名幼儿一个圆滚筒，两手撑地，身体保持直线，两腿放于圆滚筒上，两手向前爬行，用腿带动滚筒向前滚动，看谁爬得远。

（4）建议：

①教师需要提示两腿要依次放上滚筒，避免磕碰膝盖。

②注意安全，学会保护膝盖。

七、游戏名称：抱团

（1）游戏目标：集中注意力，提高反应能力。

（2）游戏准备：平整场地。

（3）游戏规则：幼儿围成一个圆圈，并做顺时针或逆时针慢跑，当听到教师喊"4"

或"3"等数字口令时，幼儿需要立即按照该数字4人或3人等抱成一团，少于或多于组织者所喊数字的均为失败。

（4）建议：

①可升级为单腿跳或双脚跳。

②教师所喊数字不能太高，在5以下为宜。

八、游戏名称：地雷爆炸

（1）游戏目标：

①锻炼幼儿动作的灵活性，能做出快速反应。

②感受集体游戏带来的快乐。

（2）游戏准备：平整场地。

（3）游戏规则：

①游戏前先用猜拳决出一个为追逐者，其余幼儿为逃跑者。逃跑者可以四散跑，追逐者只要能捉到一个人就算胜利。

②逃跑者保护自己的办法就是，快被捉住时，可以立即蹲下说"地雷"，追逐者就必须停止追他，另找目标追逐。而"地雷"只能原地不动地蹲着，等其他人来拍一下，并喊"爆炸"，才被解救，继续做逃跑者。被捉住者为第二轮游戏的追逐者。

九、游戏名称：穿越鳄鱼潭

（1）游戏目标：

①通过跳跃、追逐跑，提高幼儿运动的速度和反应的灵度。

②激发幼儿运动的兴趣，并让其体验游戏的快乐。

（2）游戏准备：

①鳄鱼头饰和青蛙头饰若干。

②了解青蛙的运动特点，有双脚跳跃的经验。

（3）游戏规则：

①教师扮演鳄鱼，留在"水潭"，做追逐者；幼儿扮演青蛙，分散在水潭两侧。

②"青蛙"迅速地穿越"水潭"，可单脚或双脚跳到对岸；"鳄鱼"在"水潭"内可以捉"青蛙"，并与"青蛙"互换角色继续游戏。

③当"水潭"两侧岸边没有"青蛙"时，"鳄鱼"可以趁机上岸做"青蛙"，最后一个跳过"水潭"的"青蛙"，在下一轮游戏中扮演"鳄鱼"。

十、游戏名称：猜拳跨步

（1）游戏目标：遵守游戏规则，学习正确的猜拳与跨步。

（2）游戏准备：平坦场地有起点线。

（3）游戏规则：两名幼儿选择一处为起始线，两人同时站在线后，规定另一处为终点。游戏开始时，先猜拳，即拳头表示锤子，伸出食指、中指表示剪刀，五指分开表示包布。剪刀可剪布，布可以包锤子，锤子可以敲剪刀。猜拳游戏重复多次，赢者可向前跨一步，输的人则不动，先到达终点位置者则为胜。

十一、游戏名称：跳圈找颜色

（1）游戏目标：
①幼儿能协调、灵活地跳圈。
②幼儿能很好地分辨颜色。
（2）游戏准备：小呼啦圈若干（也可以画圈）、大纸箱一个、各种玩具若干、篮子两个。
（3）游戏规则：
①将幼儿分成人数相等的两组，分别站在各自的起跑线上，将玩具放入大纸箱，纸箱放在离起跑线十米的终点处。将呼啦圈分成两部分，不规则地摆在两队起点到终点之间（间距不要过大）。
②教师说："开始！红色！"，两组的第一名幼儿手里拿着篮子开始跳圈跳向终点（可以单腿跳也可以双腿跳），然后在纸箱里选择带有教师指定颜色的玩具放到篮子里（玩具上只要有一种颜色符合即可），带着篮子跑回起跑线。最先回来，并且带回指定玩具多的小组获胜一次。
③第一名小朋友把篮子交给第二名小朋友，然后教师喊："开始！绿色！"，第二名小朋友跳向终点后，把篮子里的玩具先倒进大纸箱，然后选择带有教师指定颜色的玩具放进篮子，重复上述过程。比赛结束时，获胜次数多的小组为最终胜利组。
（4）建议：
①教师要注意幼儿可能会抢同一件玩具。
②幼儿必须每一圈都要跳到。

十二、游戏名称：爆米花

（1）游戏目标：
①在"爆米花"游戏情景中，练习原地向上跳。
②体验和大家一起体育游戏的快乐。
③让幼儿初步具有不怕困难的意志品质，体验健康活动的乐趣。
④能根据指令做相应的动作。
（2）游戏准备：
①丰富幼儿生活经验。活动前，观察微波炉炸爆米花的过程并品尝爆米花。
②场地上有爆米花图片，分散贴在地上。
③儿歌。
锅子转，爆米花；

锅里米粒噼噼啪；

时间到了就爆炸；

砰！米花熟了快来抓！

（3）游戏规则：

①若干幼儿，手拉手围成圆圈，为爆米花的"锅子"，另请八至十名幼儿钻到圈内当"米粒"。

②游戏开始，"锅子"沿顺时针方向边走边念儿歌。念到"砰"时，"锅"和"米粒"同时向上蹦跳，接着"锅子"立即蹲下，松开相拉的手，表示"锅盖"打开了。当念到"抓"时，"米粒"赶快往圈外跑，"锅子"立即站起，手拉手，将未跑出的"米粒"围在圈内。跑出的"米粒"充实到"锅子"队伍中，其余"米粒"仍在圈内，游戏继续进行，直至"米粒"全部跑出，调换角色，游戏重新开始。

③只有念到"砰"时，"锅"和"米粒"才可同时向上蹦跳。

单元五　亲子类体育游戏

一、游戏名称：举重投篮

（1）游戏目标：

①通过游戏，锻炼幼儿手臂肌肉和控制能力。

②锻炼幼儿的手、眼协调能力。

③乐于参与体育游戏，体验游戏的乐趣。

（2）游戏准备：皮球若干、两米高球筐。

（3）游戏规则：爸爸将幼儿抱起，幼儿从下面的筐子中拿起一个皮球，爸爸高举幼儿，幼儿将球投入规定的球筐中，在一分钟的时间内，哪组家庭投入的皮球最多将获胜。

（4）注意事项：

①爸爸将幼儿抱起后，在整个比赛过程中，幼儿的脚都不能沾地。

②球筐设置的高度，以爸爸高举幼儿后，幼儿能够得着的地方为依据。

③比赛时间设为一分钟，时间太长，爸爸的体力很难支撑。

二、游戏名称：超级移动

（1）游戏目标：

①锻炼幼儿手臂力量和身体协调性。

②乐于参与体育游戏，体验游戏的乐趣。

（2）游戏准备：50～60厘米的竹竿。

（3）游戏规则：分为两队，幼儿双手抓握着竹竿中心，父母手持竹竿两头，使幼儿悬吊在竹竿上，幼儿脚不落地，听到信号后两队同时行进，接力进行，最先完成比赛的队伍获胜。

（4）注意事项：

①比赛的赛道距离不能太长，要考虑到本班幼儿臂力的发展水平。

②选用的竹竿要精选，要以至少能挂住50斤幼儿体重为标准。

三、游戏名称：轮胎滚滚

（1）游戏目标：

①了解轮胎的滚动需要借助外力。

②与父母合作，探索用不同的方法让轮胎滚动起来。

（2）游戏准备：外直径60厘米的汽车轮胎；场地布置（起点、终点、赛道等）。

（3）游戏规则：首先将幼儿和家长共分2组。准备时，两组的幼儿们和家长们分别在起点和终点处面对面站立。比赛开始，两组幼儿队的排头幼儿分别滚动轮胎向对面家长队，到达对面后，换对面的两位家长再次将轮胎滚向幼儿队，两边依次接力。先完成的队后为胜。

（4）注意事项：

①两组都设有各自的赛道，以保证幼儿之间不相撞，以免发生危险。

②完成比赛的家长和幼儿可在赛道两旁为比赛者助威呐喊。

四、游戏名称：小青蛙回家

（1）游戏目标：

①锻炼幼儿的跳跃能力和四肢协调能力。

②帮助幼儿在运动中辨别方向，锻炼幼儿的反应能力。

③体验游戏的快乐，促进亲子关系融洽。

（2）游戏准备：平坦的场地、树枝。

（3）游戏规则：找一块有树荫的空地，用捡来的长树枝和石头围成一个椭圆形的圈，当作青蛙的池塘。妈妈和宝宝就是出来散步的大青蛙和小青蛙，爸爸可以充当鳄鱼。当"鳄鱼"要靠近散步的"青蛙"时，"青蛙"们就要跳回自己的池塘，这样才安全。随着幼儿对游戏的熟悉，还可以增加更多的情境，提高游戏的难度。

（4）注意事项：开始可先跑回圈内，逐步可变为单脚跳或双脚跳跃。

五、游戏名称：爱心接力

（1）游戏目标：

①遵守比赛规则，培养幼儿的自我控制能力。

②增强幼儿体能，发展幼儿平衡能力。

③增强竞争意识。

（2）游戏准备：建筑材料、小车。

（3）游戏规则：幼儿站在起跑线上，"哨"声响后，幼儿从身边堆放的材料中选取一件"建筑材料"放进小车，在划定好的车道中前进，将"建筑材料"运送到对面家长处，接着幼儿推车返回，依次进行，家长将收到的"建筑材料"垒高，最先完成者为胜利者。

（4）注意事项：一次只能运送一件"建筑材料"，运送过程中如"建筑材料"掉落，则需原地捡起放好，游戏方可继续进行。

六、游戏名称：齐心协力

（1）游戏目标：

①锻炼幼儿对自身的控制能力、反应能力，增强上肢力量。

②增强幼儿身体的灵活性、协调性，增强距离感。

③培养幼儿团结、合作、耐心、专注的态度与意志品质。

④通过亲子互动游戏活动，幼儿体验团结配合的意识，引导幼儿学会与人合作，提高对环境的适应能力。

（2）游戏准备：易拉罐数个。

（3）游戏规则：两人一组，分两组进行。家长与小朋友面对面手拿易拉罐（总数不能少于四个），对接在一起形成一条直线，齐心协力将易拉罐从起点运到终点再运回起点，最先到达的家庭获胜。

（4）注意事项：运送过程中易拉罐不能掉落，否则需重新捡起后在原地对接再继续游戏。

七、游戏名称：托球跑

（1）游戏目标：

①锻炼幼儿身体平衡能力。

②锻炼幼儿自身控制能力。

③体验与家长游戏的乐趣。

（2）游戏准备：乒乓球和球拍。

（3）游戏规则：幼儿与家长分别站在跑道的终点和起点。"哨"声响后，幼儿拿起乒乓球跑向家长，家长随即将球用球拍托着走回起点，先到者为胜。

（4）注意事项：托球过程中球不能落地或用手碰球，若球落地，则需回到终点重新走回。

八、游戏名称：两人三足跑

（1）游戏目标：

①学习两人相互配合用三条腿跑步，增进亲子情感的交流。

②体会亲子共同游戏时的平等、和谐和愉悦。

（2）游戏准备：平坦的场地、数根长带子。

（3）游戏规则：在场地两端画一条起跑线和一条终点线，请几对父子站在起跑线上，妈妈用一根长带子将爸爸和孩子相邻的一条腿绑在一起，爸爸双手背到后面，听到口令后，爸爸和孩子一起出发向终点跑，到终点线后返回，以先返回到起跑线者为胜。妈妈为爸爸和孩子解开带子。

（4）注意事项：爸爸双手必须背到后面，妈妈必须将带子系紧。

九、游戏名称：亲子开合跳

（1）游戏目标：

①掌握多种跳的方法，发展幼儿身体灵活性和协调性。

②积极参与运动，感受参与运动的乐趣。

③锻炼幼儿下肢协调能力与下肢力量。

（2）游戏准备：平坦的场地。

（3）游戏规则：爸爸或妈妈先坐在地上，双腿有节奏地打开、合上，可以一边做动作一边说口号，幼儿在家长双腿打开、合上的时候，进行连续开合跳。

（4）注意事项：开始时节奏可以先慢一些，熟练之后就可以加速进行连续跳。

十、游戏名称：好玩的包包

（1）游戏目标：

①锻炼幼儿对自身的控制能力、反应能力，增强上肢力量。

②学习两人相互配合，增进亲子情感的交流。

③体验与家长游戏的乐趣。

（2）游戏准备：一条较大的长方形浴巾或围巾，1～3个玩偶。

（3）游戏规则：妈妈和宝宝双手抓住长布的两角，将布铺平坦，爸爸将1个玩偶放在布上。妈妈和宝宝合力把布向上一抖，将玩偶抛起，再用布接住下落的玩偶。当宝宝能够熟练抛接一个玩偶以后，可以在布上多放置几个玩偶，重复游戏。看3分钟内两人能连续接抛几次。大家互换角色，比比哪个组合更有默契。

（4）注意事项：

①选择轻柔耐摔的布制玩偶或毛绒玩偶，玩偶不宜过大。

②家长和宝宝可以商定口号，例如"1，2，3，抛"，找准节奏。

十一、游戏名称：小乌龟来运球

（1）游戏目标：

①通过亲子活动，萌发关心长辈的情感，增进与长辈之间的感情。

②锻炼幼儿向前爬行的能力。

（2）游戏准备：乌龟胸卡若干、山洞2个、皮球若干、球筐4个、鼓2个、小红花。

（3）游戏规则：

①幼儿分成两组，家长和幼儿同时开始，幼儿爬行通过山洞，家长在山洞另一边等待幼儿钻出来，一起走到对面的球筐，每个人去取回一个球，然后往回走。回来把球放到球筐后，由幼儿来敲鼓。最先到把鼓敲响的队伍获胜。

②获胜的一队可以得到小红花作为奖励。

（4）注意事项：

①幼儿一定要向前爬行通过山洞，家长只要从山洞一边走到另外一边等待幼儿钻出来。然后每人抱一个球走回来，家长不能帮助幼儿把球一起抱回来。

②走到终点时，先把球放到球筐里再敲鼓，应该由幼儿敲鼓，家长敲鼓的不算。

十二、游戏名称：小袋鼠跳跳跳

（1）游戏目标：

①培养幼儿和家长的协调能力。

②培养合作意识和竞争意识。

③培养亲子感情。

④培养幼儿参加活动的兴趣。

（2）游戏准备：泡沫垫子8块。

（3）游戏规则：将全班幼儿分为四队，幼儿站在起跑线的垫子上，口哨声响后家长将后面的垫子移到前面，然后幼儿跳到前一块垫子上，家长又把后一块垫子移到幼儿的前面，幼儿交替在板上跳，以此方法直到绕过椅子回到终点，先到终点的前2组为获胜队伍。

（4）注意事项：前进时脚不能离开纸板。

单元六　民间民族体育游戏

一、游戏名称：跟随侦察兵

（1）游戏目标：

①能够自主判断动作变化时机，控制好身体平衡、姿势稳定。

②强化运动时的身体姿势控制能力，发展手眼协调感和注意力。

③培养自信心和勇于挑战的美好品德。

（2）游戏准备：红牌、绿牌、黄牌、瑜伽砖若干、小旗。

（3）游戏规则：四人一组，助教扮演虫子部队在场地内徘徊。哨声口令开始后，每组第一只"蔬菜小精灵"快速向前跑，"侦察兵"手握红色、绿色、黄色三种色牌发布口令，与游戏队伍间隔3米站立。当侦察兵吹哨发送红色牌指令时，所有前进的"蔬菜小精灵"必须停止不动；当"侦察兵"发送绿色牌时，代表继续前进；当黄色牌发出时，代表有危险必须下蹲；快速到达指定位置时红色牌指令失效。"蔬菜小精灵"需要安全通过晃动的断桥（每块瑜伽砖间隔20厘米摆放3米），通过后举旗挥舞，示意队伍前方没有危险可以前进。

（4）注意事项：

①动作与色牌指令违背时，须重新返回起点出发。

②在断桥上掉落次数限制为3次，超出则不计入人数。

③每组安全通过人数多的一方为获胜方。

二、游戏名称：解救计划

（1）游戏目标：

①学习不同方式的前进动作，提高幼儿对不同姿势的触觉反应和协调性。

②能够根据所猜物品构造特点猜出名称，锻炼思考能力。

③培养有序、耐心做游戏的良好品德。

（2）游戏准备：用垫子布置一个3米×3米的正方形，当作领地，领地中间放置一些动物的毛绒玩具（其他物品）。幼儿分为四组，分别站立于距领地四周3米以外的起点处纵队排列。

（3）游戏规则：哨声口令代表游戏开始，每组第一名幼儿以"小青蛙跳"的方式，手脚并用向前出发；翻越垫子进入领地，四人进入后戴上眼罩随机拿起一个毛绒玩具，通过抚摸、讲述身体构造特点来猜出自己所拿的毛绒玩具是什么动物；猜对的幼儿算解救动物成功，可摘下眼罩迅速跑回与下一名队员击掌接力。

（4）注意事项：

①每人仅有3次猜动物的机会，3次使用完毕后仍没有猜对动物名称的幼儿即解救失败。

②戴上眼罩后不可以偷看，其余幼儿不可以提醒。

③路途中回答教师提出的问题，如判断物体颜色、形状，简单的数字比较等。

三、游戏名称：跟随熊猫听口令

（1）游戏目标：

①渗透必要的认知教育，提高自我感知体肤的能力；

②集中注意力感受刺激部位，强化听觉、肢体与触觉的整合；

③能够自主配合口令做出相应动作，加强与各运动感官之间的联系与配合，促进身体协调能力。

（2）游戏准备：沙包若干。

（3）游戏规则：坐位体前屈准备姿态（熟悉后可闭上眼睛）；听到拍拍口令喊出"揉揉我的肩膀""踩踩我的小脚"等相应身体部位时，双手迅速放置相应部位肌肉揉捏、拍打直至下一次口令发出（胳膊、大腿、小腿、鼻子、脸颊等）。并在游戏中进行询问和教育身体部位的认知；教师指定幼儿进行口令指挥。

（4）注意事项：

①不要看别人的动作，坚持自己听口令；

②教师可以根据现实需要，提高变换口令的速度。

四、游戏名称：舞龙灯

（1）游戏目标：

①培养幼儿动手创作能力。

②通过小组合作，共同商量表达表现的形式，大胆表演。

③让幼儿感受游戏带来的乐趣。

（2）游戏准备：稻草、竹筒或雪碧瓶制一个象征性的"龙头"。

（3）游戏规则：利用稻草、竹筒或雪碧瓶制一个象征性的"龙头"，再制出"龙身"（稻草"龙身"用稻草扎成大约20厘米长的草扎若干个，中间穿上一根绳子），用小竹竿或木棍插进"龙头""龙身"，让幼儿举着舞，两条"龙"可以进行嬉戏，乐在其中。

（4）注意事项：给小班幼儿玩可不穿绳。

五、游戏名称：运食比赛

（1）游戏目标：

①学会用不同方式的交接动作和多序列动作，加强个体对动作的感知、中枢对动作的有效控制，提高身体运动能力。

②学会助跑跨越，提高空间感知力。

③使幼儿懂得相互团结与互相信任。

（2）游戏准备：食物卡片、绳子、贴食物卡片的篮子。

（3）游戏规则：十人一组，共两组。纵队向后间隔20厘米站立，听到教师口令喊出："我要吃××"，第一名幼儿拿起相应的食物卡片，弯腰将其从胯下交予第二名幼儿；以此类推，将卡片传递到最后一名幼儿时，幼儿拿起卡片按照规定S形路线交叉走前行，依次屈体过横杆、垫上直体翻滚2米；拿起卡片跨跳过前方的"河流"（两根绳子铺成0.5～0.6米的距离），将卡片放入相应种类的篮子里，此时，向自己的队伍喊出你想吃的食物，如"我想吃苹果"，下一名幼儿拿起苹果卡片依次完成游戏。

（4）注意事项：

①每名成员完成游戏时快速说出自己想要的游戏口令。

②跨越河流时不要踩到绳子。

六、游戏名称：躲避食人花

（1）游戏目标：

①刺激幼儿前庭器官，在游戏中掌握控制身体平衡的动作要领，帮助调节感觉信息。

②学会游戏的不同玩法，帮助幼儿提高关节稳定性和身体控制能力。

③体验平衡游戏带来的乐趣与战胜困难的成就感。

（2）游戏准备：汤勺若干、沙包若干、高跷鞋若干、平衡垫子若干、攀爬架一个、乒乓球拍、四种不同颜色的乒乓球若干，将装有乒乓球的箱子放至起点处，四个不同颜色的纸杯放至与起点相距 3～4 米的地板上。

（3）游戏规则：

①十人一组。听到哨声口令后，助教教师变成凶猛的食人花在游戏场地游走，每组第一名成员在箱子里随机取出一种颜色的乒乓球放在汤勺中，直线行走运送到前方对应颜色的纸杯中。

②头顶沙包以正面走（侧身走）通过平衡攀爬架大桥侦查险情，认为安全向后招手（示意"蚂蚁"部队可以继续前进）。

③穿上"魔法"高跷鞋通过"沼泽地"后，双脚站上具有"隐身功能"的平衡垫上保持身体平衡 10 秒。

④在整个游戏中，如果听到食人花头领说出："我来吃你啦"的口令时，所有正在游戏的幼儿要立即停止动作保持不动，直至听到："我要休息啦"的口令时，才可以继续游戏。

（4）注意事项：

①当食人花头领喊出吃人口令时，仍在动的幼儿会被吃掉加入"食人花"队伍。

②碰倒道具的"幼儿"需将道具重新摆好。

③游戏中双脚离开器材时，隐身作用消失。

④教师可根据幼儿游戏反馈情况，实时调整、变换、叠加不同游戏环节的难度。

七、游戏名称：跳绳奇妙会

（1）游戏目标：

①促进身体协调性和灵活性，增强竞争意识。

②提高下肢力量和平衡感，提升专注力。

③帮助刺激空间感知能力，提高身体运动的整合能力。

（2）游戏准备：跳绳、跳栏架、标志碟、网球、幼儿自行车。

（3）游戏规则：五人一组。每组按规定将跳绳摆成直线。哨声开始后，每组第一人手持跳绳按照摆放的跳绳路线进行双脚左右跳（交叉行走）。到达终点后，原地跳绳 10 次。然后快速跑回，经过设置的跳栏架时，呈俯卧姿势匍匐前进通过，把跳绳交给同伴，依次进行，每组最先完成的为获胜队伍。

（4）注意事项：

①大臂夹紧，小臂向两侧伸，双脚并拢进行跳绳。

②自己数清跳绳次数。

③教师可以根据幼儿游戏反馈情况，实时调整、变换、叠加不同游戏环节的难度。

八、游戏名称：谁的新靴子最强

（1）游戏目标：

①增强手脚协调能力、增强大脑对身体的认知力。

②能自主判断躲避时机稳定身体姿势，提高空间认知力和平衡感。

③强化肌肉、关节力量。

（2）游戏准备：抽签桶、不同动物名称的纸条、不同身体姿势的纸条、软梯。

（3）游戏规则：教师准备一个抽签桶，放入两种不同动物的卡片若干，每名成员抽签决定自己所属哪种动物队伍，并确定好所要模仿的动作。幼儿根据统一的模仿动作沿软梯向前攀爬或跳跃，行进中将软梯上放置的沙包捡起来放到自己的挎包内。将所有沙包收纳完毕后将沙包倒出，进行小脚投篮游戏（仰卧地面，双脚夹住沙包，抬腿将沙包放置于头顶的小桶内）投掷完毕后，再将小桶内的沙包放回原来软梯的位置上，迅速跑回队伍进行接力。接力完毕后，互换模仿动作。

（4）注意事项：

①抽签后，不可以提前说出内容；

②被沙包打到的成员淘汰。

九、游戏名称：踩高跷

（1）游戏目标：

①大胆运用高跷进行各种体育锻炼，发展创造力。

②促进平衡、弹跳能力的进一步发展，提高动作的协调性和灵活性。

（2）游戏准备：高跷若干、平坦的场地。

（3）游戏规则：

①两只脚踩在高跷上，两手分别抓住固定在高跷上的绳子，双脚交替往前走。请个别走得稳的幼儿进行示范，引导其他幼儿发现并掌握其动作要领：用脚底中心踩在高跷上，双手要拉直绳子，眼睛向前看。

②自由玩高跷。幼儿自由探索高跷的玩法，可以自己玩，也可以和几个小朋友一块玩，鼓励幼儿想出不同的玩法。创造出高跷的多种玩法，教师还可以请个别幼儿演示，并鼓励其他幼儿尝试这种玩法。

（4）注意事项：活动时，应提醒幼儿注意安全，防止摔倒。

十、游戏名称：花样皮筋

（1）游戏目标：

①学习跳皮筋的基本方法。

②发展幼儿弹跳力，增强腿部肌肉力量。

③培养幼儿的节奏感。

（2）游戏准备：长皮筋和短皮筋若干；音乐。

（3）游戏规则：

①双脚跳。两名幼儿摇绳，其他幼儿依次跟着儿歌节奏双脚在里面轮流跳。

②单脚跳。三名幼儿把皮筋变成三角形，其他幼儿依次跟着音乐节奏单脚轮流跳。

③绕花跳。多名幼儿把皮筋变成多角形，每两名幼儿一小组绕花、转圈跳。

复习思考题

根据学前儿童体育游戏创编的方法，以小组为单位设计一款幼儿园体智能类体育游戏，展示并试讲。

学前儿童体操

知识目标

- 掌握学前儿童体操的基本内容。
- 认识学前儿童体操的意义。
- 掌握学前儿童体操的基本设计思路。
- 掌握学前儿童体操的教学规律和方法。

技能目标

- 能够基本组织学前儿童进行队列队形练习。
- 能够创编基本的学前儿童体操。
- 能够组织基本的学前儿童体操教学活动。

素质目标

- 树立创新意识，激发创造力。
- 树立科学的学前儿童职业观念。

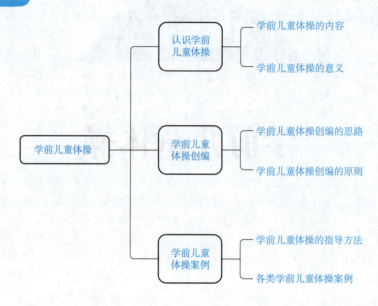

单元一　认识学前儿童体操

　　学前儿童体操是幼儿园户外体育活动的主要内容之一。每天早晨在晨练活动中各年龄班的幼儿都会在教师的组织指导下做早操，以此活动来开始他们在幼儿园一天的生活；在展开体育教学活动（体育课）时，教师也会带领他们做一套热身操，为下一个活动做好身体的热身准备工作；在热闹的运动会或亲子活动上，教师会指导学前儿童做一套表演性的体操，可以为节日增添热闹、欢快的气氛。幼儿体操在幼儿园的广泛开展，证明了它的实用价值，幼儿园教师只有自己掌握了幼儿体操的设计与指导这一专业技能，才能更好地在幼儿园户外活动中，根据本园、本班学前儿童的实际情况加以应用。

青少年健康现状

一、学前儿童体操的内容

　　学前儿童体操主要包括学前儿童体操和队列队形练习两部分。

　　学前儿童体操是通过学前儿童身体各部位基本动作的协调配合，根据人体各部位运动的特点，按照一定的顺序和节奏组编成单个或多个组合动作的身体练习。

　　学前儿童每天通过身体上下肢、躯干、头部等部位的操作活动，不仅能够促进正常的生长发育，培养良好的身体姿态，还能够提高身体动作的协调性、灵活性和准确性，培养学前儿童对动作的观察力、模仿力、表现力，增强学前儿童的审美能力，以及遵守纪律和团队合作的意识。

（一）学前儿童体操

1. 模仿操

模仿操是一款专门针对学前儿童设计的体操，根据学前儿童的认知发展特点，选用一些模仿形象化的动作组成的体操。通过模仿操练习，可以有目的、有针对性地发展学前儿童的某些大肌肉群，增强学前儿童体质，帮助其形成正确的姿态，培养学前儿童独立生活的能力，同时还可发展他们的想象力、思维能力和语言能力。促进其动作的协调性，激发学前儿童参加体育活动的积极性。

模仿操形象性强，学前儿童容易理解，对动作的精确性要求不高，只要求达到锻炼的目的即可，对三四岁的学前儿童来说比较适用，例如，"螃蟹体操""兔子操""功夫小子"等。这个年龄阶段的幼儿对方向的辨别力较差，对口令的意义不太理解，排列队伍也比较困难。因此，也可让全体学前儿童站成一个圆圈，不分左右方向，模仿教师的动作，或者教师用语言进行指导，如"弯弯腰、踢踢腿、转一转"等，比只喊"1、2、3、4"要具体、生动得多。所以，模仿操更适合小班阶段。

2. 徒手操

徒手操即听教师的口令，空手进行练习的体操。要求队伍排列整齐，动作合拍，方向、角度保持一致。教师用口令指挥动作，对学前儿童控制动作的要求比较高。如果增加拍手动作、武术动作或舞蹈动作等，更容易激发学前儿童做操的兴趣，是在幼儿园应用比较广泛的体操。

3. 轻器械操

轻器械操即在徒手操的基础上，学前儿童手拿一些轻器械（如绳子、花环、哑铃、小旗、棍棒等）进行练习的体操。其动作与徒手操基本相同，但往往会根据所持器械的不同特点做一些特殊动作，例如，将花环套头的动作、用棍棒或哑铃敲击的动作等。根据器械的不同，可分为棒操、球操、旗操、彩带操、铃操和筷子操等。轻器械操种类丰富，是幼儿园比较受欢迎的体操类型。

4. 律动操

律动操是针对学前儿童的年龄特点和认知能力，以及身体发育的需要，结合音乐体态所进行练习的体操。小、中、大班律动操的音乐动作是不同的。小班律动操的音乐和动作简单一些，动作速率慢一些；而大班律动操的音乐和动作有一些难度，动作速率也更快。

律动操通过音乐和体态动作的结合，发展幼儿身体的协调性、节奏感，促进身体动作的发展，增强幼儿身体运动的能力及音乐感受力和表现力，在幼儿园的体操活动中有着重要的作用，是当下幼儿园较为流行的体操类型。

5. 亲子操

亲子操顾名思义，其实就是父母与孩子一起跳的体操活动。学前儿童亲子操，就是父母和幼儿一起通过头颈、躯干、上肢和下肢的协调配合，有节奏地做各种振、举、屈、伸、跳跃等动作。可以有效地锻炼学前儿童的身体大肌肉群，对于培养幼儿身体的正确姿势、促进各器官的正常发育、增强体质都具有重要的作用，对促进亲子关系的发展也有重要的作用。

（二）队列队形练习

队列队形练习是指有一定的队形，按照统一的口令进行协同一致动作的活动。

1. 队列练习及要求

幼儿园不进行专门的队列练习，但也要有一些简单的队形变换，如让幼儿学习切断分队走或左右分队走等。在小、中、大班，通过队列变化训练，可提高幼儿在团体中了解并认识自身与团体的关系，增进幼儿的团体意识，让幼儿形成秩序感，并发展他们理解指令的能力，每个年龄班幼儿队列练习的基本内容和要求都有差异，一方面是出于做操、做游戏的需要；另一方面是为了发展幼儿的空间知觉、动作反应的灵活性，人际协调能力和团队精神。在幼儿园根据幼儿的年龄特点，队列练习一般从中班年龄段开始进行。

中班队列练习及要求见表 5–1。

表 5–1　中班队列练习及要求

队列内容	口令要求	口令	基本动作要求
原地队列练习	立正	立正！	两脚脚跟并拢，脚尖稍分开，上体挺直，头要正，两臂自然下垂，眼睛看前方
	稍息	稍息！	右脚向斜前方迈出一脚距离开立，两臂自然下垂于身体两侧
	向前看齐	向前看——齐！ 手放——下！	排头幼儿双臂侧平举，其他幼儿双臂前平举，眼睛看前方幼儿颈部
	原地踏步	原地踏步——走！	上体挺直，上下肢动作协调、交替原地踏步
行进间队列练习	齐步走	齐步——走！	上体挺直，上下肢动作协调、交替向前行走
	跑步走	跑步——走！	听到预令"跑步"后，两臂屈肘握拳于体侧；听到动令"走"后，上下肢协调轻松地往前跑
	立定	立——定！	听到动令"定"后，自然停下，身体成立直姿势

大班队列练习及要求见表 5–2。

表 5–2　大班队列练习及要求

队列内容	口令要求	口令	基本动作要求
原地队列练习	立正	立正！	两脚脚跟并拢，脚尖稍分开，上体挺直，头要正，两臂自然下垂，眼睛看前方

队列内容	口令要求	口令	基本动作要求
原地队列练习	稍息	稍息！	右脚向斜前方迈出一脚距离开立，两臂自然下垂于身体两侧
	向前看齐	向前看——齐！ 手放——下！	排头幼儿双臂侧平举，其他幼儿双臂前平举，眼睛看前方幼儿颈部
	原地踏步	原地踏步——走！	上体挺直，上下肢动作协调、交替原地踏步
行进间队列练习	齐步走	齐步——走！	左脚开始向前走步，脚步要求均匀，上体正直，两臂前后自然摆动，精神饱满
	跑步走	跑步——走！	听到预令"跑步"后，两臂屈肘握拳于体侧；听到动令"走"后，两脚前脚掌着地跑，上体稍向前倾，两臂前后自然摆动
	向左（右）转	向左（右）——转！	身体向左（右）转90°，同时左（右）脚前后移动，左（右）脚跟上
	向左（右）转弯走	向左（右）转弯——走！	排头幼儿在指定地点向左（右）转弯走，其他幼儿逐一跟上
	立定	立——定！	听到动令"定"后，两拍停下，成立正姿势站好

2. 队形练习及要求

除队列练习外，在幼儿园也进行一些有趣味性的队形变换，主要包括图形行进和队形变换。如向后转走，一个大圆变成几个小圆走，绕物行走，对角线行走，螺旋形走、蛇形行走，并队走，左右分队走，开花走等。

（1）图形行走。

①绕物行走（图5-1）。

口令："起步——走"。

要求：幼儿由一路纵队沿幼儿园操场或长方形（正方形）行进。

教法：在四个角插上小红旗（其他标志物）或画明箭头指示，便于幼儿按标记转弯行进。口令："向左（右）转弯——走"，教幼儿绕场行进，也可由教师做排头或请能力较强的幼儿做排头，带领全体幼儿行进。

图5-1　绕物行走路线

②对角线行走（图 5–2）。

口令："齐步——走！"或"沿对角线——走！"

要求：一路纵队呈三角形行进。

教法：在拐弯处可放上明显的标志或画上标记。口令：在 A 处起步为"齐步——走！"，行至 B 处为"左转弯——走！"，到 C 处为"沿对角线——走！"，回到 A 处可下达口令"左（右）转弯——走！"，转弯时力求让幼儿自然转弯。

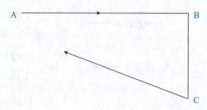

图 5–2　对角线行进路线

③圆形行进（图 5–3）。

口令："齐步——走！""成圆形——走！"或"走走走，走成一个大皮球！""走走走，走成一个大圆圈！"（中班）

要求：一个一个跟着走，成圆形行进。

教法：成一路行进，排头幼儿走到一定位置，教师下达口令，从排头幼儿开始依次走弧形成圆形队伍行进。中班在练习时，可先由教师做排头。为使幼儿能走成圆形队伍，可在场地上预先画上圆圈。行进时可由教师做排头，以后逐步过渡到由幼儿做排头。

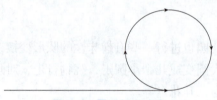

图 5–3　圆形行进路线

④螺旋行进（图 5–4）。

口令："成螺旋形——走！"

要求：让幼儿听口令后由一路纵队（或一个圆形队）成螺旋形行进。

教法：一路纵队在走成圆形队伍的基础上进行。由排头幼儿（开始可由教师担任）逐步缩小（或放大）圆圈（口令：成螺旋形——走）。

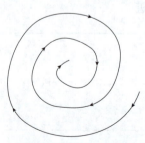

图 5–4　螺旋行进路线

⑤蛇形行进（图5-5）。

口令："成蛇形——走!"（中大班）

要求：从排头幼儿开始，由一路或几路纵队依次走成蛇形。

教法：由一路或几路纵队同时进行。可在场地上放上具有一定间隙的点，让幼儿在物点和物点之间绕行，不许碰到物体或踩上点。蛇形行进可由幼儿组成圆形队伍后进行。走成圆形队伍后，呈一定间隙面向圆心站好。由教师随意指定一个幼儿开始，让他们在圆形队伍的间隙中绕行。

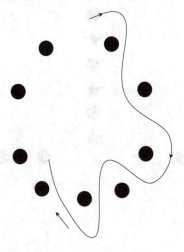

图5-5　蛇形行进路线

（2）队形变换。

①切断分队走（图5-6）。

口令："切断分队——走!"（中班）

要求：由一路纵队切段分队成几路纵队，站成体操队形。

教法：由一路纵队齐步走，走到一定位置（可在适当位置放上标志）发出口令，由规定的幼儿带头左（右）转弯走，后面的幼儿依次跟随行进成体操队形。切段分队也可由圆形队伍变化而成。教学时，可在每队纵队前放上标记。

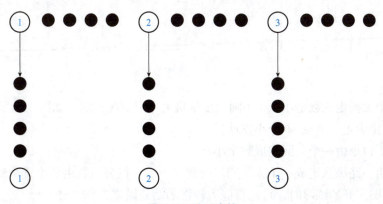

图5-6　队形变换

②左（右）分队走（图 5-7）。

口令："左（右）分队——走!"或"左（右）转弯分队——走!"

要求：听口令，使幼儿由一路纵队变成两路纵队，两路纵队变成四路纵队，由此过渡到体操队形。

教法：教授之前先 1、2、3 报数。听口令后，由排头幼儿开始，单数幼儿左转弯走，双数幼儿走到排头转弯处，向右转弯走，分成方向相反的两路纵队。为便于幼儿分队，可在场地分队处用箭头标明方向。

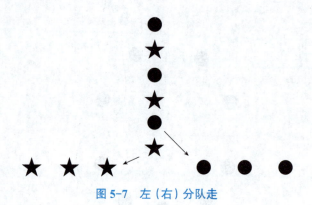

图 5-7　左（右）分队走

③并队走和列队走（图 5-8）。

口令："并队——走!"

要求：两路纵队走近相遇时，下达口令，左路左转弯走，右路右转弯走，成两路纵队前进，即为并队走。两路纵队成四路纵队走近边端线时，下达口令"左（右）转弯——走!"即成列队走。

教法：教幼儿列队走和并队走时，可在边端左（右）转弯走的地方画好标记，便于幼儿听到口令后按要求变换队形。列队走和并队走可同时教学，即当列队相遇时，可成并队走，并队可在走近边端线时，成列队走。

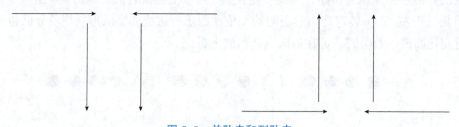

图 5-8　并队走和列队走

④由一个大圆走成数个小圆（小圆数根据班上分组情况而定，如图 5-9 所示）。

口令："走走走，走成 × 个小皮球!"

要求：听口令由一个大圆走成数个小圆。

教法：由一路纵队走成一个大圆圈。听到口令后，按分组数由各组排头幼儿带领全班走成 × 个小圆。开始练习时，可选择能力较强的幼儿做排头。

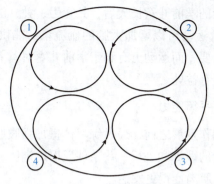

图 5-9　由一个大圆走成数个小圆

⑤开花走（图 5-10）。

口令："开花——走！"

要求：教师站在圆心当花心。在听到口令后，每组带头的幼儿带领队伍向花心成四或五、六路纵队，走成花瓣样。

教法：可参照由一个大圆走成数个小圆的方法。

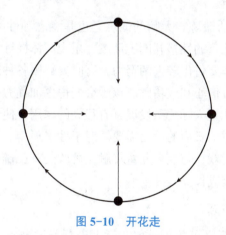

图 5-10　开花走

队形队列练习是幼儿园体育活动内容之一，是体育教学和集体活动不可缺少的组织活动，也是学前儿童适应未来学习和集体生活所必需的习惯培养与技能训练。可以促进和培养学前儿童正确的姿态，发展学前儿童的注意力和空间定向能力、集体动作协调性和组织纪律性。

二、学前儿童体操的意义

体操练习对于学前儿童全面发展具有一定的意义，主要表现在以下几个方面。

1. 开发大脑，促进智力发展

学前儿童体操练习中的各种动作只受神经系统的支配和调节。学前儿童在活动时，肌肉中的神经可将各种刺激冲动传到大脑，从而促进大脑的功能，使大脑对动作反应更加灵敏。有报告显示：学习体操的学前儿童长大后，其智力、独立能力和自信心都要比其他儿童强。从生理角度看，体育运动可以增加大脑的血流量，能供给脑细胞更多的养料和氧气。营养对决定智力十分重要，而运动更有利于学前儿童对营养的摄取，促进脑细胞的正常生长发育，对智力发展很有益处。

2. 锻炼身体耐力，发展平衡能力

如果在学前儿童各项动作发展之前，通过练习体操加强腹肌、腰肌、背肌、四肢支撑力，以及加强下肢肌肉力量的锻炼和进行一些条件反射的训练，在脑中枢建立联系，就可以使幼儿的动作变得灵敏，肌肉变得更发达。

3. 增强体质，促进身高增长

体操练习能增强学前儿童身体各器官系统的功能，使学前儿童体格健壮，增强体质。孩子能够长高，是由于全身骨骼的生长，尤其是长骨的生长，因为长骨两端的骺软骨部分是骨的生长点。由于运动，改善了血液循环，骨组织得到了更多的营养，同时，运动对骨骼起着一种机械刺激作用。所以，体操能促使骨骼生长加速，使孩子身高随之有所增长。

4. 培养毅力，塑造性格

体操练习不仅是身体的锻炼、大脑的锻炼，也是意志和性格的锻炼。体操运动能克服某些不良行为，使学前儿童的性格开朗、活泼、乐观。体操练习还能培养学前儿童的毅力，幼小的孩子做一些动作要付出较大的努力，有时要克服各种困难，这就是很好的意志锻炼。运动后，孩子更有自信心和成功感。孩子会变得更加优秀、懂礼貌，与人相处较为主动平和。适当的运动对儿童人际关系发展具有很大的作用，使学前儿童养成与人合作的习惯和遵守规则的行为，适于日后的社会需要。对于性格孤僻、不合群的孩子，要多鼓励他们参加集体活动和各种游戏，与众多儿童接触，可改变其孤僻、忧郁的性格，有利于孩子塑造性格，促进身心健康成长。

5. 有助于形成健康的体态

体操练习带来的锻炼意义可防止学前儿童由于营养过剩而造成的肥胖。经常参加体操运动的学前儿童其肌肉比较有力，关节比较灵活，脊背比较挺直，小腹比较扁平，腰肢比较纤细，体态良好，动作协调优美，对自己比较有信心。因而他能较好地控制自己的身体，形成健康的体态。

6. 提高身体机能，预防疾病

学前儿童在体操练习过程中，肌肉活动需要消耗大量的氧气和排出更多的二氧化碳，于是呼吸器官需要加倍工作，久而久之，胸廓活动范围扩大，肺活量提高，肺通气量（即每分钟的通气量）加大，增强了呼吸器官的功能，对防止呼吸道常见病具有良好的作用。

综上所述，学前儿童参加体操练习是十分有利的，可以增强肌肉力量，改善平衡能力，提高身体灵活程度，塑造性格，形成健康体态等，对于学前儿童的身心发展起着至关重要的作用。

单元二　学前儿童体操创编

一、学前儿童体操创编的思路

《纲要》指出"幼儿园必须把保护幼儿的生命和促进幼儿的健康放在工作的首位"，这要求幼儿园必须树立"健康第一"的思想，而幼儿园体操活动是增强学前儿童体质、发展学前儿童基本活动能力的有效手段和主要途径。《纲要》强调培养学前儿童对户外活动的兴趣是幼儿园体育的重要目标，要根据学前儿童的兴趣特点开展形式多样的体育活动，从而吸引其主动参与，这也是学前儿童体操创编的基本思路，我们在创编的过程中应注意以下几点。

"二十大"小知识

（一）要遵循学前儿童的年龄发展特点

学前儿童体操的动作应简单易做、活泼欢快，可将反映学前儿童年龄特点的点头、拍手、跳跃等动作融入每节体操中。器材要选择学前儿童熟悉和容易使用的，特别是有声响，能敲击、摇晃、挥动出不同节奏的器材，音乐也要选择学前儿童熟悉、理解和节奏感明快的乐曲或歌曲。要避免动作、队形、音乐、器材成人化倾向。

（二）要体现锻炼的目的和锻炼意义

整套体操要能全面影响、锻炼学前儿童的身体，使身体的上肢、下肢、躯干等各部位进行上下、左右、前后等不同方向的交替运动，使肌肉的力量、关节的灵活性、韧带的柔韧性都能得到全面的发展。根据学前儿童年龄的增长，要在体操的节数、节拍、节奏和动作幅度上，由少到多、由慢到快、由无变化到有变化、由小到大地逐渐递增，使学前儿童的身体承受一定的运动负荷量，以达到锻炼身体的实际效果。

（三）要具有体操的基本特点

全套学前儿童体操中的各节动作主要由体操的基本动作组成，例如，两臂前平举，掌心向下；左脚向前跨成弓步，两臂胸前平屈，两手握拳；左手叉腰，右臂上举，上体左侧屈。体操动作的路线基本是直线型，做操强调动作的力度，要避免体操舞蹈化。有条件的幼儿园可使用男教师进行体操教学。

（四）要具有自己的特点

每套学前儿童体操都应具有自己特点。例如，运动模仿操，要运用既形象逼真又艺术夸张的手法将体育运动项目中的典型动作挖掘出来，像拦网（上肢）、滑冰（下肢）、自由泳、仰泳（体转）、举重（腹背）、拳击（跳跃）等。更重要的是，幼儿园要根据本园的办园特色及所属地区特色，将园所特色、地区特色、民族特点等融入体操之中。

（五）要具有基本的美感

整套体操要体现学前儿童正确的身体姿势、良好的形态和美感，动作上要协调、舒展、活泼、健康、朝气蓬勃，音乐上要将动作与音乐贯通，体现出体操的美。

二、学前儿童体操创编的原则

根据《纲要》的指导精神，我们在创编学前儿童体操时，应结合幼儿园的实际情况和学前儿童的认知特点、兴趣特点进行创编，创编时应把握以下原则。

（一）体操内容选择的适当性原则

（1）小班：主要以徒手操和模仿操为主。
（2）中班：主要以徒手操和轻器械操为主。
（3）大班：主要以律动操和轻器械操为主。

例如，轻器材操：中班利用塑料凳子，用于体操的编排与练习之中；大班利用篮球，进行早操的编排与练习。这两类材料的使用均创意性地使用了日常生活中的一些物品和器材。

（二）体操结构安排的整体性原则

以前，一般为了达成一定的运动量，按照运动生理指标的要求，将体操分成三部分：准备部分、运动部分和放松部分，形成典型的三段式的体操结构。现如今，考虑到体操与学前儿童体能之间的关系、运动兴趣之间的关系等综合因素，逐步形成了几个基本环节。

（1）热身运动：如走、跑和变速跑等形式的全身运动，达成热身的目的。
（2）队列变化：在小班、中班和大班中，通过队列变化训练，可提高学前儿童在团体中了解与认识自身与团体的关系，增强他们的团体意识，并培养他们理解指令的能力。同时，队列化训练也是热身运动的一种延续，为学前儿童的体操活动做好充分的准备。队列与队形变化主要是速度的变化，有切断分队走或左右分队走，如四路变两路、两路变四路等。
（3）操节：操节是体操的主要部分，在体操练习中，不仅要达成学前儿童开始一天幼儿园生活时身体机能唤醒的目的，同时还要实现他们运动能力与体能的不断提高的目的。
（4）体能活动：利用身体或器材，练习走、跑、平衡、跳和钻等动作，发展学前儿童基本动作的协调性和运动能力。在体操创编过程中，体能活动环节需要注意以下几点。
①体操，体能活动与训练相结合；在体操中运用器材，也是为了达成一定的运动量。
②需要有机地将八大动作融入体操之中。
③时间控制，小班：8～10分钟；中班：10～12分钟；大班：12分钟。

（5）放松阶段：在体操的放松阶段，充分地放松，可以让学前儿童以良好的身体状态与精神面貌面对幼儿园生活。反之，如果体操的放松阶段没有做好，则可能会影响他们在体操后的活动。例如，过量的运动会使学前儿童疲劳或亢奋，影响到幼儿园每天正常教学活动的开展。

（三）体操强度适中的原则

（1）结合幼儿园每学期学前儿童体能发展的目的来编排体操。将体操、体育活动和体育游戏或体能训练有机结合，以达成体操作为学期学前儿童体能训练的基本手段之一，共同为学期学前儿童体能发展服务的目标。

（2）体操的运动量要适宜。运动量反映在运动的强度和密度上，一般而言，体操的强度以幼儿平均心率140为正常，在体操运动量最高时，可达到心率为150～170；放松阶段为100～120；在体操结束五分钟后再测学前儿童心率，他们的心率应在80～90，五分钟恢复后要求孩子心率达到正常状态。

体操的运动密度通常在80%以上，因为在体操中，较少有等待时间；而且，体操不是体育活动或体能训练，它要求学前儿童在较短时间内完成全身活动与运动的目标。

（3）体操要有力度，不能舞蹈化。舞蹈的基本特征是柔美与舒展，具有欣赏的价值，但学前儿童体操具有提升其体能和运动能力，以及发展他们动作协调性的目的，故学前儿童体操需要达到一定的运动量，无论是模仿动作还是扩展动作，均应该有一定适宜的运动强度。体操舞蹈化则常常无法提高学前儿童的体能等。

（4）操节要合理。早操的功能之一是在学前儿童开始一天活动之前唤醒他们的身体和精神，让幼儿在完成早操后，能够轻松开始一天的活动，这就要求体操在编排上要做到操节合理。一般体操由6～10个运动小节组成，小班通常为6个运动小节，中班为6～8个运动小节，大班为8～10个运动小节；在节奏节拍上，小班使用2/8拍；中、大班使用4/8拍。

（四）体操音乐选择的恰当性原则

音乐选择要有美感，音乐对于学前儿童的活动和运动是有直接影响的，因此，音乐的选择需要重视。在体操中选择欢快活泼、节奏感强、明快的音乐较为合适，一般而言，音乐选择的一个技巧是，先有操，再选择音乐，音乐配操，而不是操配音乐。

（五）器械适当运用的原则

在器材操中，应尽量一物多用、废物利用，在运用过程中应强调器材的安全性。在体操器材运用过程中，器材出现的先后次序和运用方式需要仔细编排，运动器材在体操中使用的必要性也需要仔细考量与讨论，以真正达到器材在体操中，对于学前儿童运动兴趣和运动能力提高的作用。

（六）体操与学前儿童年龄特征相结合的原则

（1）小班：体操宜简单、易学和富有趣味性。

（2）中班：要求做操时，动作统一、规范和整齐。中班儿童已经具备一定的运动能力和自我控制能力，因此，要求他们在做体操时，要能够做到动作有力且整齐划一。由此，应不断促进其大动作技能的发展，提高他们的运动能力。

（3）大班：要求活泼，并且动作要有一些变化。大班儿童的运动能力与自我控制能力相对而言，要比小、中班儿童强，因此，可以通过体操动作的编排变化，进一步发展他们的运动能力及有效促进其大动作技能的发展。

学前儿童体操动作变化的编排，可以表现在以下几个方面：

①动作方向上的变化（前后左右等）；

②分组与小组配合的各种变化；

③集中活动与分散活动的变化等。

总之，幼儿园体操活动是幼儿园日常活动的重要组成部分，是锻炼学前儿童身体、增进学前儿童体质的有效手段，它能够增强学前儿童体质，特别对学前儿童的运动系统和心脏器官有着不可或缺的锻炼功能，能够发展学前儿童动作的协调性和准确性，增强他们的节奏感与控制力等。

单元三　学前儿童体操案例

一、学前儿童体操的指导方法

（一）学前儿童体操指导前的准备工作

教师在指导学前儿童做体操时需做好必要的准备工作，以便于在组织指导时做到心中有数、有条不紊，提高指导工作的效率。

1. 熟练掌握整套体操

教师在拿到所教体操的资料（图解、说明和音乐视频）后，可以一边看、一边做动作，如有音乐，再配上音乐做动作，有视频可以跟着视频一起练习，直到熟练掌握。

2. 对所教的体操进行整理、分析、研讨

当教师熟练掌握全套体操以后，就对体操的节数、节拍等有了初步的了解，然后具体分析体操的难点、要点、学前儿童做体操时容易出现的错误等，如果发现某一节或某一节拍的动作（包括动作的位置、节拍、道具使用、音乐）学前儿童不容易掌握或过于简单，教师可以作适当修改并实践，直到切实可行为止。

3. 确定指导进度

整套体操指导需要多少次数（课次）来完成，这要根据体操的节数多少、难易程度、

幼儿的接受能力来确定。

4. 制定指导目标

制定体操指导目标需要根据指导进度来安排，尽可能将目标写得具体明了，例如，通过练习使幼儿学会站位；学习并初步掌握第一、二节动作等。

5. 选择指导方法

教师可采用多种指导方法使学前儿童喜欢和掌握体操。例如，教师边讲解、边示范，或者示范生示范教师讲解和辅导，教师示范学前儿童跟着做，教师帮助纠正，互相比赛学习等。

6. 选择适宜场地

教师在哪个场地上进行指导，是否要清扫，是否要贴点，是否要画线等问题，教学前教师要考虑充分、安排周到。

7. 准备练习器材

如有现成器材则要检查一下是否能够正常使用，是否需要修理或清洗；如需要制作或购买，则需要确定什么时间之前器材到位。

8. 检查音乐设备

准备好体操所需音乐及设备，并要检查放音机功能是否正常、音量是否合适等。

9. 示范生的培训

可以提前培训 1～2 名体操做得好的学前儿童，一是可以让其在教师指导中示范，便于教师辅导其他学前儿童；二是教师可以在培训示范学前儿童过程中发现问题，便于教学时掌握。

（二）学前儿童体操活动过程的指导

一般学前儿童体操是指操作动作比较简单、节数较少，也没有队形变化的幼儿操。例如，幼儿园户外活动教材中的学前儿童体操，体育活动中的热身操。这类体操的组织指导比较简单。

1. 教学步骤

如果体操的节数在六节以内，动作又比较简单，则可以一套体操一次全部教完，再复习 2～3 次；如果体操的节数在六节以上，动作又稍难一些，可以一次教几节下次复习，再教几节再复习，直到全套体操完整掌握并配上音乐。

2. 教学方法

学前儿童体操的教学方法可选择如下：教师讲解并示范→幼儿跟着教师慢节奏做→幼儿跟着教师正常节奏做→在教师的口令下幼儿独立做→在音乐伴奏下幼儿独立做等。

3. 动作纠错

当幼儿初步学会了整套操之后，可以在下一次的练习中进行动作纠错，以提高做体操动作的正确性，收到好的锻炼身体的效果。动作纠错时，可以让幼儿停止在容易出现错误的动作节拍上，教师巡回纠正，或用手直接帮助，让其放在正确的部位上；或用语言提示"手臂举高点""眼睛看小手""脚尖掂起来"等。

4. 注意事项

根据本班幼儿的动作基础进行由简到难、由慢到快的指导。

教师在讲解和示范时，要以示范为主，讲解时要简单扼要、重点突出，不要讲解过细过多。教师示范要正确，一个节拍到另一个节拍示范的速度由慢到正常，不要过快。可以让幼儿模仿着教师的示范反复练习。

注意培养示范幼儿，以协助教师的指导。

二、各类学前儿童体操案例

1. 模仿操

（1）洗脸刷牙。

动作：

第一个 8 拍，右手伸开五指并拢，在脸前上下洗 4 次，右手按顺时针方向转动 4 次。

第二个 8 拍，左手伸开五指并拢，在脸前上下洗 4 次，左手按顺时针方向转动 4 次，配合语言：洗洗脸，洗洗脸。

第三个 8 拍，右手握拳，伸出食指，在嘴前方由上向下 4 次，再由下向上 4 次。

第四个 8 拍，左手握拳，伸出食指，在嘴前方由上向下 4 次，再由下向上 4 次，配合语言：刷刷牙，刷刷牙。

（2）小鸭子走。

动作：幼儿蹲下，两手放在背后，抬头。

第一个 8 拍，向前走。

第二个 8 拍，向后退。

第三个 8 拍，男生、女生交换位置。

第四个 8 拍，男生、女生走回自己的位置。

配合语言：小鸭子走，嘎！嘎！嘎！

（3）游泳运动。

动作：

第一个 8 拍，体前屈，并腿，两臂前平举，两腿微屈，同时低头呼气。两臂从体侧向上，向下做划水，伸直，同时仰头吸气。双手经腋下转出再向前伸直，呼气。

第二个 8 拍，体前屈，右臂伸直，左臂划水由上向下经体左侧还原，同时头向左转，吸气。

第三个 8 拍，两臂上举，左臂继续向后经体侧转回一周，同时左脚前踢。两臂上举，两腿并拢。

第四个 8 拍，体前屈，两臂前伸，屈膝呼气。两臂由后向上经体侧向前绕环，同时挺胸抬头，提踵吸气。最后 1 拍立正。

2. 徒手操

（1）上肢运动。

预备姿势：直立。

①左脚侧出一步，同时两臂前举；

②两臂上举；

③两臂侧举；

④左脚收回，两臂还原成直立；

⑤5～8 拍同 1～4 拍，但换右脚做。

要求：动作要轻松舒展。

（2）扩胸运动。

预备姿势：直立。

①两手半握拳，两臂经前至胸前平屈后振，拳心向下；

②左脚向前一大步成弓步，同时两臂经前伸直至侧举后振；

③两臂经前向下后振；

④左脚蹬回，两臂还原成直立；

⑤5～8 拍同 1～4 拍，但第六拍换右脚做。

要求：扩胸时臂要平，上体保持正直。成弓步时脚跟稍提起。

（3）踢腿运动。

预备姿势：直立。

①左脚向前半步，重心移至左脚上，右脚前掌着地，同时两臂经前至上举，掌心向前；

②右腿前踢，同时两手触右脚面；

③还原成 1 的姿势；

④左脚收回，两臂经前还原成直立；

⑤5～8 拍同 1～4 拍，但换右脚做。

要求：踢腿时，脚面绷直，两膝不要弯曲，上体保持正直，要用脚面触手。

（4）体侧运动。

预备姿势：直立。

①左脚侧出一步，脚尖点地，同时两臂侧举；

②左手叉腰，同时右臂上举，向左侧屈；

③还原成②的姿势；

④左脚收回，两臂还原成直立；

⑤5～8 拍同 1～4 拍，但方向相反。

要求：体侧屈时两臂上举，臂要直。侧屈时不要转体成前倾。

（5）体转运动。

预备姿势：直立。

①左脚侧出一大步，同时两臂侧举；

②上体向左转动（约90°），同时两手叉腰；

③还原成②的姿势；

④左脚收回，两臂还原成直立；

⑤5～8拍同1～4拍，但方向相反。

要求：上体转动时腿要直，脚不移动。

（6）腹背运动。

预备姿势：直立。

①两臂经前上举，掌心向前，抬头，体后屈；

②体前屈，手指触地；

③还原成②的姿势；

④还原成直立；

⑤5～8拍同1～4拍。

（7）全身运动。

预备姿势：直立。

①左脚向前一大步成弓步，同时两臂经前至侧上举；

②上体前屈，同时两臂经前至后举；

③还原成①的姿势；

④左脚蹬回，两臂经前还原成直立；

⑤5～8拍同1～4拍，但换右脚做。

要求：做弓步时，后脚跟不要提起。

（8）跳跃运动。

预备姿势：直立。

①两脚跳成开立，同时两臂侧举；

②两脚跳成并腿，同时两臂上举击掌；

③还原成①的姿势；

④两脚跳成并腿，同时两臂还原成直立；

⑤5～8拍同1～4拍。

要求：用前脚掌起跳，向上跳时两脚要充分蹬直。头上击掌时，颈部要正直，大臂靠近耳部。

3.轻器械操——毛巾操

（1）第一节：六个8拍。

预备姿势：立正站好，毛巾搭在脖子上，两手握住毛巾两端。

第一至第三个8拍：1～4拍点头抬头，5、6拍向右侧点头，7、8拍向左侧点头。

第四、第五个8拍：1～4拍向右侧转头，5～8拍向左侧转头。

第六个8拍：1～8拍两手握住毛巾在脖子后面左右摆动。

（2）第二节：四个8拍。

第一至第二个8拍：1、2拍两手握住毛巾两端向前平举，同时双脚并拢向右侧扭屁股；3、4拍两手握住毛巾两端胸前屈肘，同时双脚并拢向左侧扭屁股；5～8拍同1～4拍。

第三至第四个8拍动作同上。

（3）第三节：四个8拍。

第一个8拍：1、2拍双脚并拢向左侧扭屁股，两手握住毛巾两端向左上侧举；3、4拍动作同1、2拍，方向相反；5拍向左侧摆动一下；6拍向右侧摆动一下；7、8拍同5、6拍。

第二个8拍：动作同第1个8拍动作但方向相反。

第三个8拍：动作同第一个8拍。

第四个8拍：动作同第二个8拍。

（4）第四节：四个8拍。

第一个8拍：1、2拍两手握住毛巾于脖子后面，3、4拍两手握住毛巾移至于臀部，5～8拍两个孩子跳成面对面。

第二个8拍：1～8拍两手握住毛巾随屁股扭动，左右摆动，一拍一下。

第三个8拍：两手握住毛巾做搓背动作，同时扭屁股，一拍一下。

第四个8拍：两手握住毛巾做搓背动作，同时身体转动于正前方。

（5）第五节：四个8拍。

第一个8拍：1、2拍两手握住毛巾从臀部移到脖子后面；3、4拍两手握住毛巾向前平举，同时双脚跳动一次，身体向前稍屈；5～8拍两手握住毛巾向上平举。

第二个8拍：1～4拍动作同上；5～8拍身体直立，两手握住毛巾于腰间。

第三个8拍：动作同第一个八拍。

第四个8拍：动作同第二个八拍。

（6）第六节：四个8拍。

第一个8拍：1、2拍两手握住毛巾两端向前平举，同时向右扭屁股；3、4拍两手握住毛巾于身体左侧，左手在上，右手在下，毛巾成直立状，同时向左扭屁股；5、6拍动作同1、2拍，7、8拍动作还原。

其余三个八拍相同。

🔲 复 习 思 考 题

　　1.简述学前儿童体操的内容。
　　2.设计两种不同学前儿童体操队列练习中的图形变化。
　　3.简述学前儿童体操的指导方法。

学前儿童体育活动的组织形式

知识目标

- 掌握学前儿童体育活动的基本内容。
- 掌握学前儿童体育活动组织的基本流程。
- 掌握开展学前儿童体育活动的重要意义。

技能目标

- 能够基本组织学前儿童进行各种类型的体育活动。
- 能够学会组织学前儿童进行各种类型体育活动的基本方法。

素质目标

- 树立创新意识，激发创造力。
- 树立科学的学前儿童职业观念。

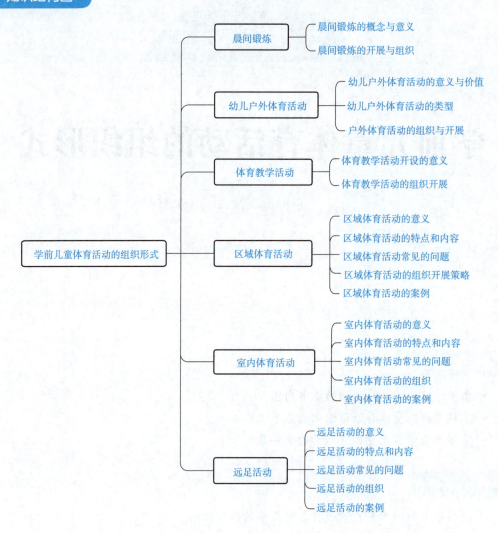

学前儿童体育活动的组织形式

- 晨间锻炼
  - 晨间锻炼的概念与意义
  - 晨间锻炼的开展与组织
- 幼儿户外体育活动
  - 幼儿户外体育活动的意义与价值
  - 幼儿户外体育活动的类型
  - 户外体育活动的组织与开展
- 体育教学活动
  - 体育教学活动开设的意义
  - 体育教学活动的组织开展
- 区域体育活动
  - 区域体育活动的意义
  - 区域体育活动的特点和内容
  - 区域体育活动常见的问题
  - 区域体育活动的组织开展策略
  - 区域体育活动的案例
- 室内体育活动
  - 室内体育活动的意义
  - 室内体育活动的特点和内容
  - 室内体育活动常见的问题
  - 室内体育活动的组织
  - 室内体育活动的案例
- 远足活动
  - 远足活动的意义
  - 远足活动的特点和内容
  - 远足活动常见的问题
  - 远足活动的组织
  - 远足活动的案例

单元一　晨间锻炼

一、晨间锻炼的概念与意义

　　幼儿晨间锻炼是幼儿园开展活动的主要形式之一。在目前大多数幼儿园中，晨间锻炼是幼儿入园的第一项活动，是幼儿们一天活动的开始。所谓晨间锻炼，就是幼儿在教师的组织下、在一定的时间和区域内，利用一些器材进行的体育运动。

　　看似简单的晨间锻炼，对其教师的专业能力和对幼儿的教育价值都是很高的。由于户外锻炼组织形式十分丰富，它需要教师创设合理、宽松的氛围，提供丰富的器械材料，较强的组织和观察能力，以及幼儿同伴之间的交流协作等。《3—6岁儿童学习与发展指南》健康领域中提及，发育良好的身体，协调的动作，愉悦的情绪等都是幼儿身心健康发展的重要标识。[①] 基于此，我们可以看出晨间锻炼对于幼儿发展的必要性和重要性。

二、晨间锻炼的开展与组织

1. 创设适宜的晨间锻炼环境，激发幼儿的活动激情

我们在组织晨间锻炼时，首先，考虑的是要为幼儿创设适宜的晨间锻炼环境，幼儿的晨间锻炼是在各种户外场地上进行的。作为组织者，我们要考虑场地的大小、安全性和休息区等，让晨间的户外场地成为真正的幼儿锻炼场地。其次，教师要为幼儿创设宽松、自由的游戏氛围，在基于幼儿身心发展特点之上，考虑幼儿的兴趣爱好，让晨间锻炼以游戏化、生活化的方式表现。教师要学会走进幼儿游戏活动，以饱满的激情充分地调动幼儿锻炼的激情，让幼儿充分发挥自己的想象力，轻松自由地享受锻炼。

2. 提供丰富、有层次、可挑战的材料，保证晨间锻炼的开展

晨间锻炼中材料是活动开展必不可少的，适合的材料能够激发幼儿积极探索的欲望，能激发幼儿对活动的激情，保持对活动的注意力。但由于很多幼儿园对于晨间锻炼的组织没有很重视，所以就会看到大多数幼儿园在器材的选择上比较单一，没有依据幼儿的兴趣爱好和身心特点来选择，这样就很容易让幼儿对活动失去兴趣，导致活动的价值流于形式。

幼儿园晨间锻炼
工作计划

因此，教师要定期更新场地的材料，选择幼儿喜欢且有层次、具有挑战性的材料。另外，可以引导幼儿一物多玩并能够自制器材，让幼儿利用有限的材料实现幼儿多种动作的发展。例如，用布做的飞盘，用报纸揉成的足球，利用地上的线条进行平衡训练等。

单元二　幼儿户外体育活动

一、幼儿户外体育活动的意义与价值

幼儿的健康状态关系着祖国未来的发展和建设，幼儿在幼儿园获得的身体教育将为今后的发展打下坚实基础。教育部颁发的《幼儿园工作规程》中强调，幼儿园组织幼儿开展户外活动，每天时间不少于两个小时。[②] 赢得广大幼儿喜爱的户外体育活动是幼儿园一天生活开展的重要环节，创设轻松自由的活动氛围，促进幼儿与教师及同伴之间的交流，与

① 李季湄，冯晓霞.《3-6岁儿童学习与发展指南》解读［M］.北京：人民教育出版社，2013.
② 中华人民共和国教育部.《幼儿园工作规程》(第39号令)，2016.

大自然亲密接触，丰富幼儿对周围事物的认知。因此，幼儿园需要开展丰富多样的户外体育活动，培养幼儿参加户外体育活动的兴趣和爱好，增强其身体的适应能力。

二、幼儿户外体育活动的类型

所谓户外体育活动，就是幼儿园安排在游戏时间之内在户外进行的体育活动，具有多样和灵活性等特点，有利于发挥幼儿的主动性、独立性、参与性和创造性，是幼儿接受日光、空气和水等锻炼的有效途径。幼儿户外体育活动可分为集体活动、自由组合活动和小型分散活动。

（1）玩室外大型玩具是幼儿园户外体育活动最常见的活动之一，利用户外的器械或教师与幼儿自制的玩具，开展能够锻炼幼儿大小肌肉基本动作发展的活动。基本上，每个幼儿园都会配置一定数量的大型器械。例如，滑滑梯和平衡木等，都是有利于幼儿基本动作发展的，如图6-1所示。

图 6-1　平衡木

（2）集体做操环节。每个幼儿园基本上都会在学生早上入园后两小时之内开展集体户外做操环节。当然这也不是一成不变的，有的幼儿园会有课间操和午间操。

（3）户外体育锻炼活动是一项教师有计划、有目的、有组织的户外体育锻炼活动。例如，跳绳、拍篮球、奔跑和跳跃等。教师往往会依据季节或天气的变化来合理安排户外体育锻炼活动，当然最重要的是要依据不同年龄段幼儿身心发展的特点合理安排相适应的户外活动。现在大多数幼儿园都会配备户外沙池，幼儿在教师的组织下，在沙池中尽情玩耍。

此外，散步与远足活动也慢慢在幼儿园中开展起来，这项活动深受小朋友们的喜爱，可以锻炼身体并全面磨炼幼儿的意志。

三、户外体育活动的组织与开展

当前户外体育活动的价值受到家长与教育工作者的高度关注。从政策方面来说，主要是对幼儿在户外活动的时间、投放的器械和场地等提出了一系列的标准与要求。从幼儿园与教师层面来看，幼儿园是否能够依据一些活动环节制定相应的规范，以及教师能够依据本班幼儿的身心发展特点和兴趣爱好开展适宜、多样、丰富的户外活动。

目前，幼儿园在户外体育活动开展中仍存在着诸多不足，亟须我们去关注解决。例如，户外活动时间不足；户外活动被其他活动所侵占；教师占据着绝对的主导地位，幼儿之间真正的合作机会较少，幼儿自发性创造游戏和使用户外器材少；户外活动区域有限，个别区域空置等。总而言之，当前幼儿园户外体育活动还存在着诸多的户外组织问题。我们作为户外体育活动的组织者和支持者，需要从以下几点来合理地组织体育户外活动。

1. 建立完整的户外体育活动时间管理制度

充足的户外体育时间是开展户外体育活动的前提，也是提高幼儿户外体育活动有效性的基本保证。首先，幼儿园应该依据本园各种综合条件来制定本园的管理条例，明确教师不能侵占幼儿户外体育活动的时间，有了相应的制度做保障，户外体育活动时间的量才能得到保证。其次，要想得到达到锻炼身体的作用，除保证时间外，还要保证其运动量，只有运动密度达到一定的量才有效果。因此，当幼儿在户外进行体育活动时，教师应该合理安排运动量，在旁边进行观察指导，不能仅仅是简单看护幼儿的安全。最后，幼儿园应该加强教师的专业体育知识培训，让户外体育活动更有效地开展，保证其运动时间和运动量，让孩子健康成长。

2. 量身制定活动目标，合理安排户外体育活动

活动目标是组织一个活动的中心，活动的内容、过程、评价都是依据活动目标来进行的。因此，制定活动目标是很重要的。首先，我们制定的目标要符合幼儿的身心发展规律。教师在制定户外体育活动目标时，必须遵循幼儿的身心发展规律，目标不能设置得过高或过低。如果目标设置得太低，活动对于幼儿来说没有挑战性，幼儿会失去对活动的兴趣，无法培养幼儿的意志力。如果目标设置得过高，幼儿在活动的过程中很难完成，幼儿容易产生自我怀疑和自卑感。因此，教师在制定活动目标时，可以参考《3—6岁儿童学习与发展指南》，例如3～4岁、4～5岁、5～6岁在身高体重、动作发展、运动量和耐力都有一定的要求。教师在组织户外体育活动时需要结合其活动内容和幼儿身心发展特点来制定合理的目标。

3. 充分利用幼儿园场地条件，提供丰富多样的游戏与器材

教师在开展户外体育活动之前，要考虑大小区域之间的活动组合。在设立区域时，应该注意区域之间的活动类型、活动范围和基本难度的适当协调。我们需要将体育活动与户外活动相结合，不仅让幼儿有足够的空间进行户外运动，也要确保幼儿运动的密度和强度。其次是幼儿园需要为幼儿提供丰富多样的器材，选取要具有科学性。近些年，很多幼儿园把一些民间游戏融入户外体育活动中，如踩高跷、滑板车等。值得一提的是，这些器材都是教师鼓励家长与幼儿共同制作的，幼儿对活动内容十分感兴趣，参与度很高，效果很好。教师在投放材料的时候应该考虑幼儿的身心发展特点，例如，户外活动小班应该投锻炼手部肌肉和小腿，区分颜色、大小等一些简单概念的材料，锻炼小手、小脚；中班幼

儿应该以投放具有探索意味的，有一定的生成空间的材料；大班幼儿应该投放趣味性强和知识性强的材料。总而言之，改变材料的使用，可以保持幼儿对活动的新鲜感，增加对活动的参与度。

4. 户外体育活动必须以安全性为主

户外体育活动与其他活动最大的区别就是具有竞争性和难度，而幼儿年龄小，身体正处于快速发展的状态，幼儿缺少经验尝试，且自我保护意识不足，在进行户外体育活动时，很容易发生磕磕碰碰等情况，因此，教师需要时刻对幼儿保持观察与支持，在户外体育活动顺利开展的前提下，保护好他们稚嫩的身体。

单元三　体育教学活动

一、体育教学活动开设的意义

幼儿时期是一个人成长过程中至关重要的教育时期，也是人类基本动作技能发展的关键期。幼儿园教育担负着增强幼儿体质、健康，提高幼儿动作技能的重任。幼儿园的体育教育活动对于幼儿的整个身心发展都起着十分关键的作用。体育是促进幼儿成长发展很重要的手段，幼儿的体育教育也将成为个人成长环节中重要的一个环节。幼儿的早期动作发展与幼儿在园内接受的体育教学有着密不可分的联系。因此，幼儿园合理、有效地开展体育教学活动对 3～6 岁的幼儿有着很大的积极作用。

二、体育教学活动的组织开展

作为一线教师，我们应该怎样科学、合理地组织开展体育教学活动呢？让我们从以下几个案例中来分析教师在开展体育教学活动中的影响因素。

1. 以幼儿为本，树立正确的教育观

案　例　一

孩子们在操场上进行滚轮胎比赛时，小汤淘气地把轮胎抬了起来，并迅速地跑到了终点。当教师问及孩子原因时，小汤高兴地回答道："我的力气大"。教师感觉这是一个教育幼儿合作的契机。于是，教师又组织幼儿分别进行了个人抬轮胎比赛和小组（自由组队，人数不限）抬轮胎比赛。活动后，教师引导幼儿思考抬轮胎比赛究竟是一个人抬容易，还是小组抬容易，启发幼儿明白"团结力量大，合作最容易"的道理。幼儿理解了这句话以后，在将轮胎归位时，更愿意寻找伙伴帮助，大家一起来整理。

在案例一中，我们可以看到小汤在教师组织活动时，违反了教师制定的规则。当教师询问原因时，孩子的脸上却露出了愉快的表情。教师没有对小汤进行批评和惩罚，而是抓住教学契机，组织幼儿多种活动方式。新《纲要》中强调，教师要"用幼儿感兴趣的方式发展幼儿基本动作"，"培养合作的态度"。据此，教师通过个人与小组（自由组队，人数不限）两种抬轮胎的活动形式，引导幼儿发现合作的重要性，培养幼儿合作意识。这个案例告诉我们：当幼儿违反户外活动常规时，教师要仔细观察幼儿的情绪，探寻幼儿的活动兴趣之处究竟在哪里，并从幼儿的兴趣为本，设计出符合幼儿身心发展的活动游戏。

2. 选择适宜的活动场地和器材

教师在组织幼儿们进行篮球训练的时候，很多幼儿并没有专心跟着教师进行练习拍球，反而是对周围的花草树木产生了浓厚的兴趣，他们将球坐在屁股下，时不时还会发出欢快的笑声，甚至有几个小朋友在旁边玩起了"寻宝"游戏，一个小朋友大喊我挖到宝贝了，于是很多小朋友都没有心思拍球了。

从案例二中，我们可以看出幼儿在户外体育活动时，容易受到外界事物的影响，幼儿易兴奋。另外，当有多个班级在场地进行体育活动时，幼儿会因为同伴分散注意力。因此，教师在选择活动场地时，一定要考虑周围场地的环境，尽量避免环境和人的影响。除此之外，活动器材也很重要，教师在选择活动器材时，一定要考虑幼儿的身心发展特点和兴趣，在幼儿已经掌握原本材料的基础上，选择加入新颖的器材。

3. 多元化的教学手段

在体育课程结束后，教师带领幼儿进入教室，利用多媒体进行相关运动视频的播放，如"小青蛙捉害虫""小猴子本领大"。孩子们受到视频故事的吸引，纷纷投入游戏世界中。在视频观看结束后，教师组织幼儿到户外分别开展视频中的游戏，幼儿这时积极性大增，保持高昂的兴趣进入游戏中。

幼教改革强调："教育要面向现代化，面向世界。"随着现代科技的飞速发展，幼儿教师可以选择把信息技术和体育教学活动紧密地结合在一起，让体育活动以丰富、有趣的方式呈现出来。在新的教学模式下，让幼儿感受到乐趣和新鲜感。

总之，幼儿教师要重视体育活动的价值，使用多元化的教学手段，坚持以"幼儿发展为本"的理念，转变教师观念，让幼儿成为活动的主体，为幼儿营造一个自由实践和自由探索的探究场景，让幼儿在没有任何压力的环境下自由成长、主动学习，尽情地展示自己、张扬个性，促进其身心全面、和谐发展。

单元四　区域体育活动

幼儿的户外区域体育活动是幼儿园体育活动的一种特殊组织形式，是幼儿园体育活动形式的重要组成部分。通过充足的、有效的、科学的户外区域体育活动，幼儿不仅可以增强自身的体质，也能锻炼运动的协调性、对环境的适应性，并从中获得快乐的体验，养成喜爱体育活动的兴趣。幼儿区域体育活动，是指根据幼儿体育运动的内容和要求，在幼儿园内开设若干区域，让幼儿自主地选择区域和器材，自由结伴、自主运动的一种组织形式。幼儿园开展区域体育活动，对丰富幼儿体育活动的内容、增强幼儿体质、促进其社交能力的发展等都具有重大意义。

一、区域体育活动的意义

《3-6岁儿童学习与发展指南》（以下简称《指南》）指出，"幼儿每天的户外活动时间一般不少于2小时，其中体育活动时间不少于1小时。"幼儿园户外区域体育活动是幼儿健康教育的重要组成部分，科学的、适宜的户外区域体育活动，是增强幼儿体质最积极有效的因素，也是促进幼儿健康发展的一种有效手段。

通过户外区域体育活动，幼儿除了能够促进动作的协调性，增强身体素质，增强健康的体魄外，还能从体育活动的过程中获得愉悦的情绪体验，养成喜爱体育活动的兴趣及适应环境的能力。而这恰恰与《指南》中对幼儿健康领域的要求是一致的。《指南》指出，"发育良好的身体、愉快的情绪、强健的体质、协调的动作、良好的生活习惯和基本生活能力是幼儿身心健康的重要标志，也是其他领域学习与发展的基础。"因此，可以说户外区域体育活动能够为幼儿的终身发展打下良好的物质基础和精神基础，并促进幼儿的身体的发展，具体包括以下几个方面：

（1）培养幼儿对运动的兴趣，使幼儿获得更多的运动经验。

（2）可以促进幼儿的生长发育，提高身体素质。

（3）有利于幼儿养成良好的运动习惯。

二、区域体育活动的特点和内容

区域体育活动是指以同时提供多样的体育活动区、打破班级界限、引导幼儿自主进行运动为特征的，一种幼儿园体育活动的组织形式，也称"体育活动区的活动"。为幼儿提供多样的体育活动区和丰富多样的运动器械，鼓励幼儿自选区域、自主游戏，以此来激发幼儿运动的积极性和主动性，满足幼儿的运动需要，丰富幼儿的运动体验，使幼儿在轻松、快乐的身体运动中获得身体素质和动作能力上的提高与发展。打破班级界限，又为幼儿提供了与同伴广泛交往及学习的良好机会，有利于幼儿社会性的良好发展。

（一）区域体育活动的特点

区域体育活动作为幼儿园体育的重要组织形式之一，具有活动内容丰富、活动时间灵活、幼儿自主性强等特点，有利于教师发挥主导作用和因人施教，也有利于发挥幼儿的主动性和积极性，能更好地培养他们的独立性和创造性。

（二）区域体育活动的内容

区域体育活动通常是以不同的基本动作或运动器械来划分的，如钻爬区、跳跃区、投掷区、玩沙区、玩车区、攀爬区、玩球区、民族民间体育游戏区等。因此，活动是以各类运动器械的探索、操作与游戏，以及基本动作的练习为主要内容。

三、区域体育活动常见的问题

（一）区域活动的趣味性和创新性不足

幼儿意志力差，注意以无意注意为主，因此，幼儿园户外区域体育活动的趣味性，是幼儿参与活动的主动性与积极性的前提。当前幼儿园户外区域体育活动存在僵化、被动、反复练习，幼儿参与积极性与主动性不足，幼儿主动性和创新性无法发挥等问题。教师在户外区域体育活动中的设计与指导不足是导致趣味性和创新性不足的主要原因。这就造成户外区域体育活动内容相同、形式一致的模式化问题，教师和幼儿变成被动地执行着每天重复的活动内容和活动形式，一方面，使幼儿失去活动的兴趣；另一方面，由于多次练习待幼儿完全掌握了活动的技能技巧和流程以后，使活动失去了促进幼儿发展的价值，从而成为简单、被动、重复的活动。

（二）区域活动的挑战性不足

对于教育活动内容难易程度的把握，苏联心理学家维果斯基用最近发展区理论给予了科学的阐述，即"跳一跳，摘个桃"，也就是说，教师所选择的内容应该是有一定难度的，这个难度是幼儿可以通过努力能够达到的。如果是幼儿已经掌握的教育内容，那么，这种教育就是简单的无效重复。相反，如果教育内容太难，完全是幼儿怎么努力都无法掌握的，那就会挫伤幼儿学习的自信心和自我效能感。因此，户外区域体育活动具有适当的挑战性，是激发幼儿参与活动的积极性与主动性的必要条件。当前幼儿园为了减少所谓的意外事故的发生，以免造成不必要的麻烦，将户外区域体育活动的难度降到最低程度，例如，户外投掷区域的篮球架高度低于幼儿的身高，幼儿可以站着轻松地将球放到球筐里面；平衡区的平衡木又大又矮，幼儿可以毫不费力地在上面来回走动；钻爬区的塑料拱桥高度过高，幼儿可以不用努力即可轻易通过，幼儿在这种没有挑战性的区域活动中无法掌握新的运动技能，不能磨炼意志和克服困难。

（三）区域活动的场地不足、划分不合理

陶行知先生根据传统教育禁锢学生的思想与身体的问题，提出了"六大解放"，其中就有解放儿童的空间，提出不要把幼儿禁锢在狭小的教室里面，而要让幼儿多到室外活动。足够的室外活动空间是幼儿园进行户外区域体育活动的前提条件。狭小的户外活动场地使幼儿园的户外活动仅仅局限于每天早晨分年龄班或分班进行的集体体育活动，而对于幼儿喜欢的自选户外区域体育活动，则成为一种偶尔进行的"调味品"。

陶行知的
"六大解放"理论

体育活动的开展需要借助一定的材料，幼儿园不同的户外区域体育活动，需要借助不同的材料促进幼儿不同运动能力的发展。因此，走、跑、跳、攀爬、钻爬、平衡等不同的户外区域体育活动需要相对固定的活动场地。幼儿园户外活动场地小，使幼儿园无法进行区域活动或缩小户外区域体育活动的种类，户外活动场地的不足加之有限的活动场地划分不科学，加重了幼儿园开展户外区域体育活动场地的限制。

四、区域体育活动的组织开展策略

区域体育活动作为体育活动的一种重要组织形式，具有活动内容丰富、活动时间灵活、幼儿自主性强等特点，有利于教师发挥主导作用和因人施教，也有利于发挥幼儿的主动性、积极性，能更好地培养他们的独立性和创造性。

（一）构建丰富多样的区域氛围

构建丰富多样的区域氛围是区域活动开展的前提。充分利用现有的空间和设施材料资源，对区域做不同类别与形式的划分，然后对应地分配不同器械与材料。同时，可以依据不同年龄和能力来划分幼儿的活动区，保证安全、有效地开展活动。

（二）建立区域活动规范与目标计划

建立区域活动规范与目标计划是区域活动开展的基础。对于区域活动要制定活动目标与定位，从而对教师工作开展起到有效的指导意义。实际活动计划需要以不同区域和幼儿情况做针对性的规划，务必达到实事求是与因地制宜，同时，要较好地联系教育目标，设立活动开展阶段性目标与重点任务。同时，教师要帮助幼儿建立良好的活动常规。例如，同区域幼儿之间相互帮助；活动结束前，教师和幼儿一起收拾运动器械等。

（三）活动方式的多样化

活动方式的多样化是区域活动开展的主要支柱。针对幼儿不同年龄阶段所具有的动作水平，来选择相应的体育活动方式，从而建立幼儿之间的联系，形成互动模式。教师主要负责一定区域的指导工作，具体的伙伴选择和体育活动项目需要依照幼儿自身意愿来选择，充分满足幼儿自身的积极主动性与兴趣。同时，对于活动方式可以开展轮换处理，让幼儿可以有机会接触到不同的区域活动而得到更为全面的发展。

（四）教师进行全面视察

教师进行全面观察是区域体育活动开展的重要保证。在区域体育活动中，教师更多的是指导观察角色，不要过多地介入幼儿之间的活动，充分给予幼儿自主权来开展活动，但是在充分给予幼儿自主权的同时，要控制活动区的安全及良好秩序。如果有幼儿发生纠纷，要能够及时地控制矛盾，避免问题的升级，起到一定的调和、引导作用，并不是让幼儿处于放任自流的失控状态。要充分观察幼儿的言行，从幼儿的状态来观察幼儿参与活动的积极性和有效性，从而有效地促进区域体育活动工作的逐步完善，积极积累开展相关体育活动的经验，有效地依据幼儿情况展开对应的引导，促进幼儿能力和积极性的提升。

五、区域体育活动的案例

活动：打敌人

活动目标：练习肩上挥臂投掷。

材料准备：用废旧纸箱做成的"城墙"，自制"手榴弹"若干。

区域设置：用废旧纸箱做成的"城墙"分列两边，距离根据不同年龄班而定。"城墙"后面准备自制"手榴弹"。

游戏玩法：幼儿分别站在"城墙"的后面，拿起"手榴弹"投掷向对面的"敌人"，每人三个"手榴弹"，只要打中一次就可以获得小勇士奖章一枚。

指导要点：幼儿投掷的动作；指导幼儿往高处、远处投；在"打敌人"的同时要注意躲闪"敌人"的攻击。

活动：小马送粮（大班）

活动目标：

（1）感知助跑、跨跳的动作。

（2）在日常生活中，遇到障碍物时会用越过的方法解决问题。

材料准备：自制的"大石头"和"倒下的大树（小奶箱）"若干个（高矮不一），小动物爱吃的食物（萝卜、青草、桃子等）。

区域设置：设置起跑点，将食物放置在起跑点上，将"大石头"和"倒下的大树"设置在路中间，每个物体之间至少间隔35厘米。

游戏玩法："小马"要帮助山上的小动物们送食物，从起跑点上自选一种食物，在规定的路线中跑到"山上"，路上有"大石头"挡住了去路，"小马"要想办法跨跳过"大石头"和"倒下的大树"才能跑到山上。

指导要点：

（1）幼儿要沿着操场的路线跑完全程，设计路线时要有直的路线也要有弯的路线。

（2）重点指导幼儿跨过障碍物的方法，鼓励幼儿尝试挑战困难。

（3）为了激发幼儿游戏的积极性，"小马"完成任务后教师奖励一颗爱心小贴贴，使幼儿感受到帮助别人的快乐。

单元五　室内体育活动

室内体育活动是在室内开展的各种幼儿体育活动的总称，也是一种幼儿园体育活动的组织形式，是对户外体育活动的一种补充，可以弥补一些幼儿园客观条件的局限或不足。室内体育活动是利用园所、班级的适宜场地、器材开展的补充户外体育活动的活动。在发展幼儿的身体协调性、柔韧性、手和脚的精细动作及感知等方面具有一定的优势。

一、室内体育活动的意义

室内体育活动可有效地解决因天气、季节等因素造成体育活动无法开展的问题，确保幼儿每天不少于 1 小时的体育活动。有限空间内的体育游戏活动，发展了幼儿在体能发展、运动空间、运动视觉、自我保护等方面的能力。由于室内空间条件的局限性，幼儿在室内参与活动时，反而能够逐步学会轮流与等待，逐步学会遵守游戏的规则，这对幼儿社会性的发展具有很大的帮助。由此可见，室内体育活动对幼儿具有重要的现实意义。

二、室内体育活动的特点和内容

（一）室内体育活动的特点

与室外体育活动相比，室内体育活动有自己的特点。首先，空间有局限性，空间的大小、空间的高矮各有差异，都会一定程度影响体育游戏的开展；其次，室内场地有限性，室内场地主要有班级教室、活动室、睡眠室、楼道、楼梯等；再次，室内体育器械具有便携、轻小的特点，体育内容的选择更多地倾向于走、钻爬、跳、投等；最后，危险因素较户外多。

（二）室内体育活动的内容

幼儿园应根据幼儿的年龄特点与发展需要，为幼儿提供丰富的室内游戏器材。适合开展室内运动的中小型运动器械，包括小滑梯、平衡木、钻爬筒、摇马、桌子、椅子、拳击袋、套圈、投掷架、沙包、球、绳、垫子等。可以根据器材开展形式不同的内容。

1. 室内体育课

室内体育课是根据幼儿身体发展的需要，在室内适宜的环境与场地中有计划、有组织地开展系统性的体育课，如在班级教室或室内多功能室。内容要选择适合室内进行的动作体验与练习，如爬、滚、投准、小脚的运动等。通过热身活动、体验活动、动作练习、经验提升，来锻炼幼儿的体能，提高身体素质。

2. 室内分组体验活动

在较宽敞的室内或楼道、角落、班级等位置存放一些中、小型幼儿运动器械，供幼儿进行自主选择，进行身体活动。教师根据本班本年龄组的场地情况，创设以身体锻炼为主题的小型活动区为幼儿提供丰富的材料，使幼儿获得全面体验，进而提高幼儿的身体素质。

3. 室内体操

利用音乐活动室、多功能厅或宽敞的教室、楼道，组织幼儿进行体操活动。室内体操注重幼儿柔韧性和协调性的提高，与室外体操有所区别。

4. 室内区域性体育活动

利用园所、班级的适宜环境（场地）、材料开展的对户外体育活动的补充活动，是打破班级，让幼儿自主选择材料、选择场地、选择活动进行的室内体育活动，比其他形式的室内活动具有更强的自主性。例如，"脚丫乐园"活动，教师提供由不同填充物制作的布袋，幼儿光脚感知不同材质；提供不同高度的软玩具，幼儿在上面行走，提高幼儿身体的平衡能力和控制能力；提供地垫与气球，幼儿躺在垫上双脚弹球、传球，提高幼儿下肢肌肉力量及身体的协调性；提供报纸、皱纹纸、小豆子、小筐，幼儿用小脚撕纸、夹豆，提高小脚趾的灵活性。可以让幼儿自主活动内容，弥补室外体育活动的不足，丰富幼儿的运动体验，促进幼儿身体的全面发展。

三、室内体育活动常见的问题

（一）园所对室内体育活动组织不重视

室内体育活动是在特殊天气情况时在室内组织的活动，部分幼儿园对于特殊天气没有应急预案，也没有相关的要求，教师们就把室外活动变为室内活动，而不是体育活动，导致幼儿在一天的活动中，身体素质的锻炼没有得到保证。

（二）室内体育活动缺乏计划性

部分幼儿园的室内体育活动是临时安排的，也有部分幼儿园只是做了部分尝试和探索，幼儿园教师没有对室内体育活动进行整体规划和设计。因此，教师的目标具有随意性和不确定性，容易造成组织过程散、教师随意性强、幼儿获得锻炼不足等情况。有些活动内容注重娱乐性，缺少运动的价值，也就难以发挥室内体育活动的优势。

（三）室内体育活动组织内容选择不够丰富

室内体育活动是对室外体育活动的补充。一些在室外不好开展的活动能够在室内组织，但在活动中发现，教师在组织体育活动时，很多是对户外活动的延续，主要体现在集中进行跳、爬的活动较多，忽略了一些容易在室内活动的内容，如翻滚、投准、赤足的活动等。

（四）室内体育活动材料不够丰富

由于幼儿园对室内体育活动重视不足，缺乏深入的探索和研究，因此，室内体育活动材料配备不够丰富，尤其是缺少对幼儿身体素质发展有促进作用的材料，如垫子、投准器材等。

四、室内体育活动的组织

（一）纳入幼儿园体育活动整体规划

在制定幼儿园体育活动规划时，应将室内体育活动作为一个重要组织形式，纳入整体规划之中。充分考虑室内环境的特点和优势，探讨与幼儿体育活动目标、内容之间的相互关联，并在此基础上，统筹做好室内体育活动场地的选择与利用，以及运动器材的选择与配备，并将室内幼儿体育活动目标、内容与户外其他体育活动组织形式有机地结合起来，制定出适宜的室内体育活动方案，使幼儿室内体育活动的开展更具计划性和目的性。这既能作为幼儿户外体育活动的有益补充，又能充分突出室内体育活动的特色，共同实现幼儿园体育活动的目标。

（二）全面规划与合理布局，创设适宜环境的研究

大多数幼儿园都存在室内运动空间匮乏的问题，因此，必须多元整合资源，有效利用各个空间，充分挖掘现有的场地资源，为室内运动所用。例如，在班级教室开展部分室内运动的基础上，开辟活动室、阳台、楼道，以及门厅、楼梯及拐角等地，只要是无安全隐患的空间都可以加以有效利用。

1. 空间与活动性质相结合

根据活动性质及幼儿人数选择合适的室内空间，将空间与活动性质相结合。例如，活动频次较高、人数较多的活动（如跑、跳、钻爬、投准等）运动项目，可以在活动室、睡眠室进行；而在楼道中，可以进行走、平衡、弹跳、悬垂等运动；在门口的小空间，可以进行上肢力量的练习，如拉力器、弹力球等。

2. 空间与活动材料相结合

不同材料对幼儿身体发展价值是不同的，面积大的可以放在宽敞的空间，面积小的可以放在楼道或门口拐角处等较小的空间，还可以悬挂起来，充分利用立体空间。

3. 空间与活动量相结合

活动量大的、重复性的活动（如跳、跑、爬等）放在空间大的地方；活动量小、不牵动全身运动的游戏就放在窄而小的地方。

（三）开发丰富多彩的材料，合理选择和投放的研究

1. 注重利用现有资源，就地取材

室内空间最多的材料就是桌子、椅子、柜子、床、楼梯，在户外它们并不是一种理想的体育器械，而在室内它们则成了孩子们最主要的体育器械。例如，利用桌子进行"钻山洞""小动物找家"等钻的活动，也可以在桌子上进行爬的活动，还可以进行从高处跳下的"小空降兵"等一系列活动。

2. 注重材料的开发和吐故纳新

对现有体育器材的使用率进行调查和分析，并定期开发幼儿喜欢、功能齐全的体育器材，增强幼儿对器材的新鲜感和主动运用的积极性。例如，北京市延庆区××幼儿园地处远郊区，利用地域特点收集到很多材料，如枯木、玉米秸、桃核、圆石头等，这些材料稍加变化就是一种有价值的体育器械。

3. 注重材料的操作性和可变性

在凸显安全性的前提下，要考虑材料的操作性和可变性，选择大量低结构材料，注重一物多玩的开发和展示，鼓励幼儿积极探索、大胆尝试。避免频繁更换材料而忽略动作发展。例如，小班的靠垫、充气袋；大班的泡沫软棒、纸盒等，这些材料都具有可变性、安全耐用、不占空间等特点。

4. 注重材料与空间、活动性质的结合

活动器材的选择要因地制宜、统筹安排，考虑到空间、占地、距离等多种限制，选择器材时要灵活巧用。例如，教室中的桌子可以作为障碍物，利用它们进行钻爬、平衡的练习；利用玩具柜充当游戏的墙垛，进行翻越、躲藏。班上每人一把的小椅子作为一种玩具，引发幼儿探索椅子的多种玩法，把椅子连接起来做成桥，进行平衡走；分开摆放当石子路，进行跨越；中间绑线做成山洞，让幼儿钻爬，在各种各样的游戏中锻炼孩子们的综合素质。

（四）科学有趣安排内容与形式

室内体育活动的内容可以是丰富多彩的，组织形式也可以是多种多样的。例如，引导幼儿进行室内体操活动、各类体育游戏、赤足活动、室内区域体育活动等，组织形式可以是集体的、小组的、自由的、分散的。教师在安排活动时，既要符合幼儿年龄特点，又要考虑班级实际。在内容安排上，既要考虑上下肢的均衡发展，又要考虑活动量的安排。准备活动、整理活动缺一不可，符合人体生理机能能力变化规律。

（五）多维度保障活动安全的研究

从场地、材料、内容、玩法、指导等多个维度进行教研，以保障幼儿在进行室内体育活动时的安全。例如，教师巡回指导，及时发现安全隐患，提醒幼儿注意安全，教师各司其职，明确分工，不缺位，做到及时发现问题并解决问题。

五、室内体育活动的案例

案例一

抬花轿

游戏目标：

练习双人携带同物走，培养合作意识和能力。

游戏准备：

小轿子，小担架，10把椅子按两两相对、间距相等摆好。

游戏玩法与规则：

幼儿两人一组抬着轿子（担架）从椅子的一端走到另一端。注意保持轿子（担架）的平衡。

指导建议：

椅子之间的距离可以根据幼儿的能力进行调节，但不宜太远。

案例二

运苹果

游戏目标：

练习绕障碍跑，培养障碍跑的能力。

游戏准备：

把苹果卡片装在小塑料筐里，多把椅子纵向间隔摆放。

游戏玩法与规则：

幼儿绕椅子呈"S"形跑到终点，从小筐里取出一个苹果卡片，再按直线跑回来。游戏可以反复进行。

指导建议：

椅子的间隔可以根据幼儿的实际能力确定。幼儿熟悉游戏的玩法以后，可以增加椅子的数量，提高难度。

单元六　远足活动

一、远足活动的意义

"远足"也称作徒步、行山或健行，是一种长途步行运动，主要是指有目的的在城市的郊区、农村或山野间进行中长距离的走路锻炼，是最为典型和最为普遍的一种户外运动。在幼儿中开展距离适宜的远足活动，对幼儿有着重要意义，具体可包括以下几个方面：

（1）增强幼儿体质。随着社会的进步和人们生活水平的提高，孩子们出门有车、上楼有电梯，走路的机会越来越少。而"走"是幼儿最基本的动作，远足也是最简单的、人人都能参与的活动。从医学角度来说，"走"能直接刺激脚部的诸多穴位，促进人体血液循环和肝脏代谢，促进自主神经及内分泌系统的正常工作，提高身体的调节功能，预防诸多疾病的发生。经常远足，可以在促进幼儿身体正常生长发育的同时，提高幼儿身体素质和活动能力，使幼儿的动作更协同，同时，也能进一步增强幼儿抵抗疾病的能力。

（2）陶冶情操，激发幼儿爱祖国、热爱家乡的情感，同时培养幼儿多种意志品质。带领幼儿走出园门、参观自然景观，可以让幼儿感受祖国的壮美、大自然的神奇；参观人文景观，能让幼儿领略祖国文化的博大精深、历史的悠久；参观工厂、农场，能让幼儿感受我国工农业发展的速度……，这一切都会使幼儿自然而然地萌发爱祖国、爱家乡的情感。而在远足的过程中，会遇到各种各样的困难，例如，路长会走不动；道路不好走会摔跤；要自己背着水和一些必备物品；要穿越公路甚至闹市等。然而这些时候正是培养孩子思想道德和意志品质的良好时机，再苦再累也能坚持走下去，培养了幼儿吃苦耐劳的精神和持之以恒的毅力；自己负责远足必需品，培养了孩子们自理自立的良好品格；穿越公路、闹市等，让孩子们懂得什么是遵守公共秩序。在整个过程中孩子们可以相互帮助、以大带小，团结友爱的好品质更易于形成。

（3）拓展幼儿学习空间，促进幼儿智力发展。在远足活动中，幼儿有机会走出家门、园门，广泛地接触自然、接触社会。广博的大自然和纷繁的社会，为幼儿提供了更为广阔的学习空间，田野里的野花、小草，各种各样的庄稼，不计其数的昆虫，都是孩子们观察研究的活教材。教师在引导幼儿仔细观察、培养他们观察能力的同时提高了他们的注意力。再如参观工厂、人文景观等，由于其直观性和实践性，让幼儿有机会了解历史、社会等多方面的知识并且记忆深刻，这是在家和幼儿园里难以实现的。同时，在活动的过程中，教师可以因势利导，数学的方位知识、空间概念都会融入其中。再加上让幼儿描述活动、描述自己的见闻感受等，幼儿的语言能力也就同时发展起来了。

（4）改善儿童多动症。注意缺陷多动障碍（Attention Deficit Hyperactivity Disorder，ADHD）是一种常见的儿童疾病。患有 ADHD 的人一般都有注意力不集中的问题，很容易分心，表现为多动并且难以控制冲动的情绪。抚养患有 ADHD 的孩子对于父母来说一直是一个难题。但是，经研究发现，将患有 ADHD 的儿童带到绿色户外活动地，有利于舒缓 ADHD 的症状。同时，亲近大自然对于任何一个注意力不集中或易冲动的人来说都大有裨益。

儿童多动症的表现

二、远足活动的特点和内容

（一）远足活动的特点

1. 灵活性

（1）距离灵活：根据幼儿整体身体素质情况或活动需要可长可短。

（2）时间灵活：任何季节都可以根据季节特点开展远足活动，且每次活动的时间可长可短。

（3）地点灵活：可以去郊外，也可以去公园、场馆等。

（4）组织形式灵活：既可以全园一起组织，也可以分年龄、分班级组织，还可以按照亲子模式组织。

（5）内容灵活：可以根据幼儿兴趣选择内容，也可以根据主题开展情况选择内容，还可以根据园所重点工作选择内容。

2. 开放性

在远足活动中，幼儿将走出家门、走出幼儿园，来到社会和自然中。这个开放的课堂为幼儿提供了更为丰富的学习内容、学习方法。幼儿可以用自己的感官来体验、感悟、接触和了解这个世界，正是在看、听、闻、尝、摸、做的过程中，他们学到了很多园内学不到的知识，从而建构自己的新经验。

（二）远足活动的内容

从内容上讲，远足活动可以分为锻炼性远足活动、游览性远足活动、游戏性远足活动和主题性远足活动。

1. 锻炼性远足活动

锻炼性远足活动是指以锻炼身体、提高身体素质为主要目的的远足活动。可以走，可以慢跑，可以负重，还可以在到达指定地点后开展走、跑、跳、投的游戏或竞赛活动。有时为了提高幼儿参与活动的积极性，还可以借助"指南针""地图"等，让幼儿边识图、找方向边前进，以分散幼儿的疲劳感，增强锻炼性远足活动的趣味性。

2. 游览性远足活动

游览性远足活动是指以参观、游览为主要内容的远足活动。参观游览的对象不同，其教育意义也不同。例如，春天到郊野公园，主要让幼儿领略季节变化和大自然的美景；参观长城等古迹，主要让幼儿感受中国劳动人民的伟大；参观科技馆、海洋馆等，又让幼儿学到了很多科学知识。

3. 游戏性远足活动

游戏性远足活动是指以开展综合游戏为主要内容，以培养幼儿综合素质为主要目的的远足活动。例如，选择较为开阔的场地或公园，布置场景，开展"寻宝""探险"等游戏，让幼儿在活动中学习知识、发现问题、解决问题，培养他们的独立精神、合作意识、克服困难的勇气等。

4. 主题性远足活动

主题性远足活动是指根据园所重点工作或班级主题教育开展的远足活动，是幼儿园园本课程的一部分，其教育目的是围绕主题活动设计的。如开展主题活动"春天来了"，就可以带领孩子们来到田野上，观察土地、河流、植物的变化，当孩子们呼吸着带着泥土清香的空气，感受着暖融融的风吹在身上，看到河流里不再有冰、柳树长出了嫩芽、野草野花钻出了土地，他们就真正了解了什么是春天。

三、远足活动常见的问题

（一）安全问题

由于远足活动的场地一般都比较大，且到达目的地需要步行或乘车，给远足活动造成了一定的安全隐患。这就要求组织者充分考虑可能出现的安全问题。

（1）交通安全问题。远足选择的目的地距离幼儿园会有一段距离，无论是乘车还是徒步，都要充分考虑可能出现的交通问题，尽量规避拥堵时段和路段。

（2）意外伤害问题。远足过程中，幼儿精神放松，吸引他们的事物又很多，所以出现一些意外伤害事故在所难免，如摔伤、磕碰、杂草树枝扎伤、蚊虫叮咬等。同时，还要注意防范一些人为的伤害。

（二）忽视保育工作问题

由于在户外活动，受场地条件等限制，可能出现无处洗手、饮水不及时等问题。如果活动前保育员老师不精心准备，就会出现很多保育工作上的疏漏。远足活动前要提前查看天气，了解活动当日的气温、日照、风速等。要根据天气情况为幼儿准备衣物、雨具等，如遇恶劣天气时，要取消当日活动。

（三）幼儿突然发病问题

由于幼儿年龄小、适应环境能力差，活动中有时会出现个别幼儿发病问题。因此，除必备的止泻、治疗腹痛等药物外，最好有医护人员同行。

四、远足活动的组织

（一）精心做好准备工作

1. 制定完备的"远足活动实施方案"和"安全预案"

在组织幼儿远足活动前，要召开领导小组会议，具体商讨远足活动，从时间、地点的选择到活动的目标、内容，以及各个环节如何实施、如何衔接，各环节负责人是谁等都要一一敲定，并形成活动实施方案。同时，还要充分考虑各种安全问题，形成安全预案。两个方案完成后要召开教师会议，传达部署方案，同时听取教师的意见，对方案进行修改完善。

2. 做好家长工作

当幼儿园的远足活动实施方案制定好以后，要召开家长会。向家长宣讲远足活动的目的和意义，还可以请参加过远足活动的家长讲一讲远足活动带给孩子的益处，争取家长的支持。同时向家长征求意见，以完善远足活动方案。同家长就远足活动达成共识后，要与家长签订《安全协议》。

3. 加强安全工作的教育和引导

安全工作是远足活动的重中之重，而防患于未然是做好安全工作的重要保证。教师是活动的主要组织者，所以，安全工作的首要任务是加强教师的安全意识和提高教师户外带队的经验方法。其次，将安全教育工作渗透到平时一日活动的各个环节，组织孩子们讨论相关安全问题，如走路时怎样才能不掉队、怎样过马路、遇到陌生人怎么办等，切实提高他们的自我保护能力，并在活动前强化安全意识和要求。

4. 做好活动前的检查和保障

在活动前，教师要检查幼儿的着装情况，提醒幼儿喝水、大小便。领导小组的成员要检查工作人员的到位情况、活动所需物品的携带情况，如矿泉水、擦汗的毛巾、雨具、夏天防止中暑和蚊虫叮咬的药品、治疗腹泻、肚子疼的药品，用于开展活动的道具、激励幼儿的奖品及医护人员和应急车辆等。充足的物质保障是远足活动顺利开展的基础。

（二）远足活动要科学合理

1. 远足活动内容要有针对性

将远足活动与园所重点工作、班级主题活动等相结合，做到活动目的、内容更有针对性。为此，学期初园所和各班教师在制定课程计划时，要将远足活动纳入其中，将远足的活动内容和课程内容有机结合，充分挖掘各种教育因素，使远足活动成为课程的一部分，让幼儿在锻炼身体的同时受到思想行为和意志品质的教育。

2. 远足活动形式要灵活有趣

远足活动组织形式灵活，但无论哪种组织形式都要考虑其趣味性，这样才能保证幼儿乐于参与，也更能达到教育效果。例如，可以组织开展全园性的"大带小"的远足活动，让大孩子们感受照顾兄弟姐妹的乐趣，让小孩子们模仿大哥哥、大姐姐的行为；组织开展亲子远足活动，在活动中进行一些有趣的亲子游戏，让家长和孩子共享亲子游的乐趣。

3. 远足活动运动量要适中

远足虽然能增强幼儿体质，但是这是一个循序渐进的过程，每次远足活动的运动量一定要适宜当前幼儿的体质。远足活动可从步行距离、步行时间上由短及长，如幼儿第一次远足的距离是 0.5 千米，所用时间为 30 分钟，以后逐渐增加到 3 千米，所用时间为 2 个小时。体弱的幼儿不能和同龄孩子有一样要求，他们可以走一走歇一歇。

4. 远足活动中保育工作要全程化

组织远足活动，必须做好全方位的保育工作。在远足活动中，教师要善于观察幼儿的身体情况和情绪状态，关注特殊幼儿，及时调整活动的节奏和速度；让幼儿适当地休息，提醒幼儿适时饮水；提醒幼儿注意安全，经常清点幼儿人数等。远足回来后，教师也不能掉以轻心，要坚持做好活动后的保育工作，如上厕所、洗手、喝水、换衣服等，观察幼儿，特别是体弱孩子的精神状态及他们的进餐、午睡等情况。

五、远足活动的案例

大班组春季远足活动方案见表6-1。

表6-1　大班组春季远足活动方案

活动由来	随着孩子们年龄的增长，他们的求知欲也在不断地提高，思维方式也越来越丰富，他们对大千世界有着强烈的好奇心，对亲近大自然、接触社会有着强烈的愿望，他们对任何事物都想看一看、摸一摸、问一问、说一说。作为教师，我们要充分利用自然资源、社会资源为孩子们创造亲近自然、亲近社会的机会，增加他们的感性知识。为此，根据幼儿身心发展的特点，幼儿园开展了幼儿社区远足活动，为孩子们提供了一次亲近大自然、亲近社会的机会，扩大他们接触认识社会的活动空间，了解我国建筑文化的特点。远足活动能增进幼儿体质，促进其身心和谐发展，扩大幼儿的认知水平
活动目标	1.通过远足活动培养幼儿健康心理；培养幼儿的自信心；培养幼儿良好的情绪情感、吃苦耐劳的精神。 2.通过多种感官了解周围自然环境，了解我国传统建筑的魅力，开展写生画"美丽的牡丹园"。 3.能根据路边的指示牌寻找路线。 4.会在活动中自己照顾自己，同时，还会保护同伴，知道互相帮助的含义
活动准备	1.了解远足地点和参观的景点。 2.了解写生，请家长为幼儿准备写生所需物品。 3.为了便于幼儿行走，请家长为幼儿准备轻便的衣物，并且准备一些食物和水。 4.与幼儿讨论远足时要注意的安全和环保常识
活动地点	外交部基地，远足距离3千米
活动过程	一、徒步到目的地（约1千米） 1.8:30准时从幼儿园出发，徒步到达目的地外交部基地。 2.引导幼儿观察春天植物的变化。 3.徒步至外交部基地大门口，进行合影。 二、基地内活动（约1千米） 1.寻找第一个目的地——养殖场。 引导幼儿根据基地内的地图选择路线，寻找第一个目的地—小型动物养殖场。参观小型动物养殖场和周边景色。 2.寻找第二个目的地——牡丹园。 找到后开展写生活动，随后进行野餐休息。 三、返程（约1千米） 11:50前安全返回。 四、分享环节 利用餐前环节，组织幼儿对远足看到的、体会到的及写生作品等进行分享

复习思考题

1. 简述晨间锻炼的意义。
2. 简述如何组织体育教学活动。
3. 简述区域体育活动的内容。
4. 请设计一个室内体育活动的教案。
5. 简述如何组织好一次幼儿园远足活动。

学前儿童体育活动的计划与评价

- 掌握学前儿童体育活动计划与评价。
- 认识学前儿童体育活动计划与评价的意义。
- 掌握学前儿童体育活动基本设计思路。
- 掌握学前儿童体育活动评价方法。

- 能够基本设计学前体育儿童一天的活动计划。
- 能够正确掌握学前儿童生理、心理负荷的常用评价方法。
- 能够正确掌握学前儿童体质评价。

- 树立科学设计学前儿童体育活动的意识。
- 树立用科学的评价方式评价学前儿童运动负荷的意识。

知识结构图

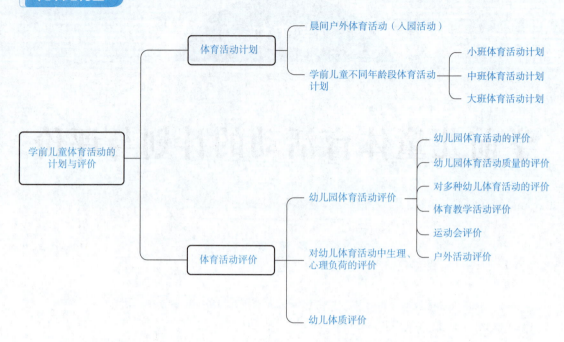

单元一 学前儿童体育活动的计划与评价概述

学前期是儿童生理各系统（生殖系统除外）迅速发展的时期，这一时期的体育锻炼应注意使学前儿童生理的各个系统、各个部位、各个器官都能在体育活动中得到锻炼。在注意生理机能发展和锻炼的同时，也要让学前儿童的心理方面在体育活动中得到锻炼和发展，通过体育活动培养儿童的认知能力，愉悦儿童的情绪，培养儿童良好的个性，做到生理和心理全面发展。

同时，在学前儿童体育目标和内容的设计中，要重视大多数儿童的发展，将大部分学前儿童的发展水平视为一般水平，以此为目标和内容设计出发点，设计合理的目标和内容，从而促进大部分学前儿童的发展。

在关注整体学前儿童发展的同时，也不能忽视个别儿童的发展。要在整体教学之余对发展较前的学前儿童提出更高的要求，提供更复杂、难度更高的活动，或者让他们去指导其他小朋友，从而让他们达到更高的要求。对于发展较为迟缓的儿童，要进一步分析原因，进行指导，采用小步子的方法促进其发展。

要在学前儿童体育中做到发展性原则，就必须在教学目标和教学内容的安排上，做到从易到难、从简到繁。整个学年的体育目标要明确，在评价指标的指引下安排合适的教学内容，然后分解到各个学期、每个月、每个周，从而确保整个学年中儿童的发展都是一致的、连贯的、有序的。

晨间户外体育活动是幼儿早晨入园后自主选择、自主结伴、自主进行身体锻炼的一种活动形式，时间一般在半个小时左右。通过晨间户外体育活动，幼儿能够在锻炼的过程中获得愉悦的情感体验，启迪丰富的认知想象，提高身体各方面的机能，为一天的学习和生活奠定良好的基础。

一、晨间户外活动的概念

晨间户外活动是指幼儿园在 8：00 至 8：40 开展的，以体能发展为目标的户外体育锻炼活动，其活动组织是教师根据幼儿年龄特点和个别差异，制定具体的、明确的、有针对性的显性目标，或模糊的、笼统的、具有灵活性的、让幼儿自己选择的隐性活动目标，通过循序渐进、动静交替、玩中学等实施策略，合理安排活动量，激趣导入，有针对性地进行户外锻炼活动。它是幼儿园一日活动组织的一个重要环节，是幼儿园体育活动的一个重要组成部分。

二、晨间活动的开展

《纲要》中提出"身心并重"的幼儿健康观，并将幼儿健康放在了五大领域的首位。晨间户外活动的有效组织实施，是孩子健康成长的添加剂，是促进孩子身心发展的有效途径，一日之计在于晨，应重视每个晨间 40 分钟黄金时间段对幼儿健康的教育，每天合理、科学、有效地组织晨间的户外活动，可以使孩子们拥有健康强壮的体质，更有阳光、开朗、活泼的个性。

（1）保证充足的活动时间，满足幼儿自主活动。游戏时间的保证，是游戏成为幼儿基本活动的前提。晨间活动是幼儿入园后重要的游戏形式，由于刚入园，幼儿的活动时间仅有半个小时，教师既要接待幼儿入园，与个别家长作交流，又要准备幼儿活动的器材、场地等，还要处理一些杂物，无形中占用了幼儿晨间户外活动的时间。加之有些孩子入园时间较迟，入园后晨间户外体育活动都快结束了。另外，在活动过程中，有的区域出于"安全"考虑，暂不开放，如大型玩具区、攀岩墙等，幼儿没有自由选择的机会；还有的区域表面上开放，但幼儿不能按照自己的意愿选择材料和玩伴，不能自主决定玩法，导致他们玩得不充分、不尽兴，甚至放弃活动。因此，幼儿参与晨间户外体育活动的时间就无法得到保证。

时间是反映幼儿晨间户外体育活动水平的重要指标，活动时间越充分，幼儿的游戏水平提高得就越快，因此，教师要保证幼儿拥有充足的晨间户外活动时间。首先，教师可以通过家长会、微信群、QQ 群、个别交流等形式与家长沟通，动员家长按时送孩子入园，保证幼儿能够及时参加晨间户外体育活动。其次，教师要合理安排好其他事务，集中精力按时组织晨间户外体育活动，保证幼儿自由、自主地参与到各项锻炼中。最后，教师在活动开始之前要精心做好场地、材料等准备工作，活动中要认真观察与指导，保证幼儿能够积极投入晨间户外体育活动中去。

（2）灵活利用园内场地，保证幼儿自由活动。适宜的活动场地是幼儿开展晨间户外体育活动的物质基础，部分幼儿园由于占地面积较小，户外场地不够宽阔，加之幼儿人数较多，造成活动场地受到限制。此外，有些场地在晨间活动时可以利用，有些场地却未能得到合理应用，因而无法满足幼儿参与晨间户外体育活动的正常需要。

教师要根据园内的地形、幼儿活动的需要与喜好等，灵活规划和适当调整户外活动场地，特别需要重视园内共用户外场地的合理利用。首先，教师要灵活设置户外体育活动区域，可以把整个户外场地划分为若干区域，包括投掷区、钻爬区、平衡区、骑行区、球类区、一物多玩区、大型器械区、自由活动区等。其次，教师要根据活动区性质和需要科学规划活动场地，既考虑到各区域活动的性质和要求，又要充分考虑幼儿的安全因素。例如，将投掷区设置在场地边缘，旁边留出较大的活动空间，保障幼儿活动的安全性；骑行区与球类区运动量较大，需要较大的活动空间和硬质场地，应设置在水泥场地上，并且将二者分隔开，避免相互干扰等。最后，教师虽然将户外区域划分为相对独立的活动场地，但各区域之间不是固定不变的，而是可以相互融合和相通的，一切服从于幼儿的运动需要。通过合理的区域场地设置，既保障了晨间活动的有序进行，又促进了幼儿在可选择的、开放的空间中创新游戏玩法。

（3）师生共生活动内容，激活幼儿持久兴趣。活动内容是引发幼儿活动兴趣、保持幼儿活动动力、提高幼儿活动效果的重要载体。然而，许多幼儿园晨间户外体育活动的内容都是由教师预先设置好的，幼儿在活动过程中玩什么、怎么玩和谁玩等，教师都会干涉。因此，不仅导致晨间户外体育活动内容单一，也让幼儿失去了对晨间户外体育活动的探究兴趣和创新能力，只是按照教师的指令开展重复的活动。

晨间户外体育活动的内容是决定幼儿是否真正投入活动的关键，教师必须针对不同年龄段幼儿的特点及需要和幼儿共同生成有趣的活动内容。

①引领小班幼儿融入情境——快乐活动。小班幼儿年龄较小，运动经验较为缺乏，教师在组织小班幼儿开展晨间户外体育活动时，应注意创设丰富的"情"，以"境"为纽带，引导幼儿积极、主动参与活动，体验户外运动的乐趣。例如，教师创设"小兔拔萝卜"的情境，幼儿戴着头饰、背着小背篓，跳跃前行，跨过"小河"，钻过"山洞"，来到"地里"拔萝卜，在师生共同创设的情境中完成一次快乐的运动旅程。

②支持中班幼儿自主建构——动态发展。中班幼儿的自主意识开始萌芽，教师应注重鼓励幼儿在开放的空间、适度的材料和生动的主题中与同伴合作，自主生成建构场地和创造性内容，自主开展体育游戏，促进幼儿在创造的过程中体验晨间户外运动游戏的愉悦感和满足感。例如，在"小小快递员"主题活动中，幼儿骑上小三轮车，绕过搭建的小"岗亭"，穿过大"马路"，把快递物品送到指定的"小区"或"商户"。

③助推大班幼儿多元融合——综合发展。大班幼儿的运动技能和生活经验均有所发展，在此基础上，教师应鼓励幼儿融合多项技能和方法，创新玩法，形成亮点，在多元融合的活动中得到全方位的锻炼和发展。例如，在"小小兵营"主题活动中，幼儿利用园内的兵营场地开展"滚坦克""挑担子""过小河""夺高地""穿电网""抬伤员"等综合性体育游戏，既满足了活动的愿望，又提升了综合能力。

（4）优化活动组织形式，调动幼儿参与激情。活动材料是引发幼儿参与晨间户外体育活动的重要源泉，幼儿是在操作和摆弄活动材料的过程中建构自己的认知结构，开展自主学习。然而，由于教师对晨间户外体育活动材料的重要性认识不足，仅仅按照自己的想法提供材料，使材料缺乏针对性、层次性和个性化，不能完全满足幼儿体能锻炼和体能发展的需求。加之出于"安全"考虑，有些大型器械不对幼儿开放，这样就使活动材料单一，活动内容流于形式或停留在计划上，活动质量和效率得不到保证。

为了避免晨间户外体育活动形式的单一性，建议每周循环开展三种类型的晨间户外体育活动。第一种是以原有班级为主体的同伴互动式晨间户外体育游戏，幼儿可以根据自己的兴趣和需要自主选择喜欢的区域开展户外活动，每周一和周三各开展一次。第二种是以年级组为主体的同龄幼儿联动户外晨间体育活动，每周二和周四各开展一次，教师根据年级组幼儿的发展需要设置相关区域，确立发展目标，丰富活动形式，让幼儿在与同龄人的自主交往中积极开展体育锻炼，获得身心发展。第三种是全园幼儿混龄晨间户外体育活动大联动，每周五开展一次。教师设置相关活动区域，创设分层次活动目标，提供各种游戏材料，让大、中、小班幼儿混在一起游戏，通过"以大带小"的方式为幼儿的发展提供潜在的、广泛的互动经验与联系，幼儿在相互交流、互助、示范、模仿、学习的过程中自主进行各种身体锻炼。

（5）提供多元活动材料，引发幼儿创新思维。活动形式是保持幼儿持久运动兴趣的催化剂。但是，许多幼儿园的晨间活动基本上以班级为单位，在规定的场地中使用不变的活动材料，按照教师的要求反复练习，开展重复的晨间体育活动。长此以往容易导致幼儿对晨间户外体育活动的内容和形式失去兴趣，进而逐渐产生厌倦、害怕、担心自己练不好等心理情绪。

首先，教师要提供丰富、有趣的材料，激发幼儿的活动兴趣。我们为各区域提供了丰富的材料，既保证每个幼儿都有材料可操作，又为幼儿创设了自主选择的机会。例如，投掷区有飞盘、沙包、纸球、篮球和篮筐、套圈和立竿、保龄球等，幼儿可以根据自己的兴趣和需要自由选择，既能练习掷远又能练习掷准；钻爬区有钻圈、"山洞"、滚筒、软垫、爬网、攀岩、纸箱、坦克等，幼儿可以利用不同的器材练习不同的钻爬动作。丰富、有趣的活动材料既能促使幼儿充分发挥想象力开展活动，又能促进幼儿创新思维的发展。

其次，教师要提供富有、层次性的活动材料，满足不同幼儿的需求。教师根据运动目标投放适宜的材料，让每个幼儿都能选择到适合自己发展水平的活动材料。例如，在一物多玩区，轮胎有大有小、梯子有高有低、木板有宽有窄等，呈现出不同的难易层次；在平衡区，我们为幼儿提供大小、高低、宽窄不同的材料，幼儿可以根据自己的喜好与能力水平，自主选择材料搭建平衡器械。这样，既让能力弱的幼儿有成功的体验，增强了自信心，又让能力强的幼儿获得挑战自我的机会，保持了活动的兴趣。

最后，教师应当适时变换和调整活动材料，保持幼儿对活动的兴趣。富有变化的活动材料能够为幼儿的探索和创造性学习带来更大的空间与挑战。我们根据幼儿的兴趣和需要随时调整、变换材料，一方面鼓励幼儿用同样的材料创造新的游戏，另一方面引导幼儿将原有的多种材料搭配组合成新的活动材料。此外，我们还适当添加了一些辅助材料，用新材料替换原来的旧材料。在投放材料时，我们还考虑到季节变换的因素，如春夏两季提供运动量较小的拉力器、沙袋等活动材料，秋冬两季提供运动量较大的蹦蹦球、呼啦圈等活动材料。

（6）关注幼儿个体差异，科学引导活动深入。晨间户外体育活动是幼儿的自选活动，因此，许多教师认为只要让幼儿自己选择了活动就不需要再给予指导了，直接放手让幼儿自己去活动。在活动过程中，幼儿表面上都拿着器械在活动，显得非常热闹，但随意性很大。有的幼儿拿着活动材料东张西望，有的幼儿相互间追逐打闹，有的幼儿总是重复着同一种活动，还有的幼儿频繁更换活动材料等。由于缺乏活动的目的性和教师的有效引导，因此，幼儿参与晨间户外体育活动的效率并不高。

每个幼儿都是一个独立的个体，他们在晨间户外体育活动中的兴趣、能力、品质和情感等各不相同，教师要灵活进行有效指导。首先，教师应站在孩子们的立场上，用孩子的眼光，透过孩子的行动去把握他们内心的想法，理解孩子独特的感受方式，尊重孩子对运动项目、内容、同伴、材料和游戏方法的选择。其次，在幼儿活动过程中，教师要做到眼观六路、耳听八方，仔细观察幼儿的行为、动作、表情和神态，发现他们的困难和"哇"时刻，为科学指导幼儿活动掌握第一手资料。最后，在整个晨间户外体育活动过程中，教师不仅要做好幼儿活动的引导者，更要做幼儿游戏的伙伴，及时鼓励和带动一些胆小、不爱动、动作发育迟缓的幼儿，适时、适当指导需要帮助的幼儿。

（7）恰当评价活动效果，奠定持续发展经验。活动评价的功能在于激励、诊断、导向、提升经验，促进幼儿同伴交流与学习等。然而，在晨间户外体育活动的评价过程中，往往以教师评价为主，忽视了幼儿的自我评价和同伴互评。同时，教师的评价方式过于单一，只重视结果性评价，忽视了过程性评价；评价语言过于笼统，较多地运用"你真好""你真棒"等话语，却对具体"好在哪里、棒在何处"只字不提，这样的评价既没有围绕预设的目标，又没有促进幼儿分享新经验。由于教师活动评价的教育功能缺失，目标不明确，忽视了对活动过程中幼儿表现的评价，因此，不能帮助幼儿梳理、归纳、提升相关新经验和做法。

晨间户外体育活动结束后的交流评价，是支持幼儿游戏向更高水平发展的有效途径，在交流过程中，我们试图拓展幼儿的已有运动经验，帮助幼儿将更多的经验运用和反映到下次游戏。

首先，分享幼儿在游戏中的创造性行为和成功经验。每次游戏过程中，我们都会捕捉一些有价值的幼儿创造性行为，以及幼儿成功解决问题的案例，然后在交流评价环节与其他幼儿一起分享，不断丰富和发展游戏情节。

其次，开展师生互动式运动经验交流。例如，在"小小兵营"活动中，幼儿挑担子时感觉担子一头重、一头轻，挑不起来，也走不快，经过调整后才稍微平衡一些。在评价环节，教师就这一现象组织幼儿进行了集体交流，一方面将幼儿自主生成的游戏方法分享给全班幼儿，让大家都知道挑担子并不是一件容易的事情，同时肯定幼儿的探究行为；另一方面通过集体智慧帮助幼儿修改调整活动方法，促使他们的经验更符合运动需要，也能让挑担子运动更好地发展下去。

最后，生成新的运动内容和方法。教师对晨间户外体育活动的科学评价不仅能满足幼儿的经验积累和提升，还能为新的活动内容的生成和发展奠定基础。每次活动结束后，教师都需要通过恰当的方式与幼儿共同进行评价，促使幼儿新的运动愿望在评价中得到鼓励和支持，并不断升华和发展。

单元二　学前儿童不同年龄段体育活动计划

一、小班体育活动计划

幼儿园小班体育课主要目标是丰富幼儿的健康知识，教给幼儿促进和保持健康的方法行为，从而使幼儿养成良好的生活习惯、卫生习惯和体育锻炼习惯。

幼儿园小班幼儿身体各个器官的生理机能尚未发育成熟，各个组织都比较柔嫩，其身体素质还相当薄弱；同时，他们又处于生长发育十分迅速的时期，这有利于幼儿培养发展良好的身体素质。教师为他们提供良好的保育和教育则有利于幼儿形成有益终身的健康行为方式。

1. 小班幼儿年龄特点

（1）学习按指令行动，生活自理能力增强；

（2）行为明显受情绪支配；

（3）对他人的情感反应敏感性增强；

（4）动作协调性增强；

（5）模仿能力提高。

2. 活动目标

（1）培养幼儿对体育运动的兴趣，愉快地参加各项体育活动，增强自己的体质；

（2）培养幼儿的自信心，正确对待输赢，有良好的心理素质；

（3）针对个别特殊幼儿多提醒、多关心、多指导，使幼儿获得全面的健康教育，提高幼儿的协调性与动作的灵活性；

（4）培养幼儿同伴之间的合作能力，遵守活动规则，增强自我保护意识。

3. 活动要求

（1）小型活动场地、舒适；

（2）活动方式循序渐进；

（3）活动安排科学、合理；

（4）活动规则简明易行。

4. 活动安排

（1）每天安排幼儿户外活动，并进行体育游戏活动；

（2）编排适合小班幼儿的体操和动物模仿操；

（3）带领幼儿玩一些传统的体育游戏；

（4）带领幼儿玩园内摆放的大型滑梯等设施。

第一阶段目标如下。

学习走、跑、跳、投掷、平衡、钻爬、攀登等基本动作。

1. 能运用各项基本动作做游戏

在指定范围内走和跑；四散走和跑；在直线、曲线上走和跑；双脚向上跳、投掷、爬行等。

2. 基本体操

会听音乐做模仿操；会一个跟一个排队；会一个跟一个走圈。

3. 体育器械的运用及操作

会玩滑梯、荡椅、攀登架等大型体育器材；会滚球、传球；会骑三轮车等。

第二阶段目标如下。

1. 开展丰富多彩的体育活动——拍球

（1）分解动作，分布练习，循序渐进。拍球——特别是对于小班的幼儿来讲，示范是最好的教学方式。因此，我们要先给幼儿做示范，为幼儿实际模仿提供视觉、听觉、动觉的各种感官信息。教师的示范要正确、优美、轻松，以完整示范为主，对于初入接触的小班孩子来讲，教师可以先简单的示范双手拍，之后再循序渐进。结合讲解与恰当的情绪感染，激发幼儿尝试拍球练习的兴趣。

（2）徒手听节奏跳。先讲清拍球时的身体协调要领：幼儿在整个拍球过程中，首先双腿站直、两脚分开、双手抱球身体微微向前倾，最大限度地让皮球有跳跃的程度和空间，缩短缓冲的时间。然后一边拍、一边有节奏地数着数量"一、二、三、四……"更好地增加拍球兴趣。

（3）单手拍球。在一定的基础上，增加对幼儿身体协调的难易程度。首先，教师示范动作要领，两脚分开、双腿站直、单手拍球、另一只手放后背，在拍的过程中，注意身体和球的协调度，眼神紧跟着球身。教师讲解结束，幼儿练习。

（4）个别指导，规范动作。对于能力较弱、协调性不好的幼儿，尽量降低拍球的难度要求，不至于让他们对自己失去信心。对于那些能力比较强的幼儿，我们可以简化步骤、增加难度来激发他们挑战自己的欲望。

（5）同龄伙伴，互相带动，共同创新。小班的孩子虽然年龄小，大部分的孩子在身体协调方面还需加强，但也有小部分的幼儿能力还是不容小觑的。所以，在活动中，教师可以请已经会拍球的几个幼儿当"小师傅"帮助不会的孩子们练习拍球。引导幼儿间相互学会掌握拍球的方法和技能，帮助幼儿在活动中学会互相合作，使拍球水平得到进一步的提高。不仅如此，我们还根据幼儿已会的拍球动作，进行花样拍球，如跳着拍、转圈拍、抛球、滚球、绕身体转球……这样，可以更好地增进同伴之间的交流和合作，体验到合作的快乐。

2. 充分发挥幼儿的自主性——呼啦圈

以往开展的户外活动常常以教师为中心，由教师制作、提供活动材料；设置、安排活动场地；示范、指导某一基本动作并评价总结活动情况，致使幼儿在活动中的主动性未能得到充分的发挥。首先，在部分户外活动中，幼儿自主选择玩具和玩法。在每次准备活动材料时，主动请孩子们一起准备、一起收集、共同制作，让他们体会其中的喜悦，增加他们对体育器材的兴趣，学会珍惜体育器材。

其次，在活动过程中发挥幼儿的创造性，鼓励幼儿一物多玩。一个呼啦圈不仅是用来跳的，可以连环套着当车跑，可以立着当圈滚，许多小朋友共同合作套圈玩钻山洞，利用身体的各部位转着玩……发挥幼儿的自主性并不意味着教师成为旁观者或提醒者，作为教师自身的积极参与更直接影响幼儿活动的兴趣和质量。

3. 让幼儿带着愉快情绪参加体育活动——吊球

在体育活动中，我们让幼儿自由选择同伴，让幼儿教幼儿，使他们在活动中能相互学习、相互交流、相互评价，让幼儿带着愉快的情绪参加体育活动，有了良好的情绪体验，幼儿活动的时间就会自然延长，从而提高了幼儿活动的持久性。

在组织幼儿开展体育活动时，根据幼儿不同的发展水平，制定分层次目标，设计和安排难度不一的活动，提供不同指导和帮助，使能力强的孩子得到进一步提高，使能力弱的孩子能在其原有基础上得到发展。在活动中，应做到在言语和行为上处处照顾每一个幼儿，多用肯定和鼓励的语言与幼儿交流。对于那些活动能力差的幼儿，应在言语上和情感上给予鼓励及支持。如在"吊球"游戏中，根据孩子们的身高、弹跳力的不同，设置了不同高度的吊球，让每一名幼儿可以创新用各种方式进行跳跃，如双脚弹跳、两个小朋友互相合作拍打吊球、用抬花轿的方式拍打吊球、借助辅助材料拍打吊球……使每一名幼儿在游戏中都能获得成功的体验。

4. 废物利用，合理布局，一物多玩

幼儿体育活动的发展依赖于对材料的操作。园所有多种户外活动器械，如不同规格的小型玩具、木马、跳绳、平衡木等。另外，收集废旧材料，教师利用废旧物品制作各种户外活动器械，并在室内外展示，也发动幼儿家长同孩子们一起制作。

共同制作多种玩具，例如，利用废旧的纸箱做的飞碟；用碎布制作小沙包；将易拉罐用绳穿起来成为高跷；用废纸做纸球；把竹子截成很多段变成竹棍；还用易拉罐装沙制作铜铃……利用户外游戏时间带领幼儿参与其中，让幼儿在学中玩，在玩中学，使每个孩子都能在一定程度上得到提高。

二、中班体育活动计划

幼儿园中班的体育课主要目标是能自然、灵活、有精神地走、跑、跳，并能变换方向或交替走、跑、跳等，并能协调、灵敏地钻、爬和攀登。

进入中班的小朋友在身体各方面都比小班的小朋友要强，因此，他们的教学要求也随

着提高要求，学的知识也比以前更具挑战性，小朋友对体育活动的兴趣逐步提高。

具体的体育活动计划如下。

第一阶段目标如下。

1. 继续学习走、跑、跳、投掷、平衡、钻爬、攀登等基本动作

（1）对于基本动作的要求明显要高一些，比如说走，就可以加入侧走、四散跑和躲避，增强幼儿动作的灵活性。

（2）跑的基本练习可以加入跳过障碍物和绕过S形障碍物跑，也可以增加接力跑这些有竞争的活动。

（3）在投掷的练习中，增加两人间的相互抛球，可以锻炼幼儿手眼协调控制的能力，发展幼儿的反应力和动作的协调性。

（4）通过钻、爬等体育活动的锻炼，提高幼儿大肌肉动作的灵敏性和灵活性。

（5）幼儿平衡能力重点是幼儿的前庭平衡、四肢协调和重心的控制。体育活动很多都涉及平衡的控制，所以，幼儿平衡能力对控制身体动作、提高动作的协调性至关重要。

2. 学习徒手操和轻器械操

（1）引导幼儿学习新的徒手操，动作难度简单易学，便于幼儿模仿。开始引导幼儿学习新的轻器械操，使幼儿进行器械活动，增强对基本的体操的喜爱。

（2）通过轻器械操，可以更大程度上锻炼幼儿身体，提高幼儿手眼协调配合的能力。

3. 练习幼儿的基本队列队形

（1）培养幼儿基本的队列队形知识，逐步教会他们集合的基本队形和队列的要求。

（2）通过一段时间的练习，基本达到集合时队形整齐、队列有序的要求。加强幼儿基本走、跑等队形，基本达到立正时双手放好，两眼看前方，能整齐地走，小跑步等。

4. 初步掌握抛接皮球、拍球的方法，能灵活、协调地钻爬、攀登

（1）学习抛接皮球，可以把气球抛起来并基本能够接住皮球。发展幼儿抛接球，能够很好地锻炼幼儿手眼协调能力和反应能力。如果幼儿能够接住皮球，就基本达到大脑能够很好地控制身体协调地进行运动。

（2）拍球能够很好地发展幼儿手臂和手部小肌肉的协调运动，可以发展幼儿控制身体的能力，提高动作的灵活性和协调性。

逐月目标如下。

1. 九月份

（1）活动目标。

①练习四散追逐跑、躲闪跑的动作。

②能够听指令、看信号做出迅速正确的反应。

③灵活的两人夹球走。

（2）具体内容。

①狮王和小动物。

②夹球一起走。

③小伞兵。

④跳过小河

2. 十月份

（1）活动目标。

①练习曲线跑，提高动作的灵活性和协调性。

②练习上下肢的灵活性。

③能肩上负重走、跑、跳、爬等动作。

④练习快速滚轮胎。

⑤尝试控制投掷物的方向。

（2）具体内容。

①过小桥。

②取宝。

③小小旅行家。

④巧滚轮胎。

3. 十一月份

（1）活动目标。

①能手脚协调、平稳地推小车走路，发展平衡及协调动作能力。

②练习听到口令四散跑，并能有意识地进行躲闪。

③能听信号向指定方向爬、合作搬运物品等。

④练习向指定方向挥臂投掷，发展上肢的力量。

（2）具体内容。

①蚂蚁小兵。

②灭害虫。

③运水果。

④果农忙。

4. 十二月份

（1）活动目标。

①喜欢参与跳跃活动，增强自我保护意识。

②根据指令走跑，具有一定的力量和耐力。

③能三人合作进行游戏。

④会听信号做蹲、蜷缩、站立不动等动作。

（2）具体内容。

①蚂蚁运大米。

②谁的汽车跑得快。

③独轮车。

④迷迷转

5.一月份

（1）活动目标。

①探索纸箱的多种玩法，练习爬、侧身翻滚等动作。

②会使用提供的材料进行创造性的活动。

③能熟练进行单脚跳。

（2）具体内容。

①小乌龟回家。

②动物乐园。

③鸡蛋壳鸭蛋壳。

④小鸡快跑。

三、大班体育活动计划

幼儿是祖国的未来，当今社会大多数家庭都是独生子女，所以，我们应根据幼儿的生长发育和体育活动规律，以身体练习为基本手段，充分利用阳光、水、空气等自然因素，锻炼幼儿的身体，增强幼儿体质，促进其身心全面健康的发展。经过两年的幼儿园生活，幼儿已有了一定的体育活动技能。

1.总目标

（1）会听信号变速跑或改变方向跑，在20～30米距离内快跑，在200～300米距离内走跑交替，跑时上体稍前倾，两手半握拳。曲肘在体侧，前后自然摆动，前脚掌着地。

（2）跳跃姿势正确：屈膝摆臂，四肢协调，用力蹬地轻轻落地，保持平衡。

（3）能保持自身动作平衡，会两臂侧平举，单腿站立5～10秒钟，能在有间隔的物体上行走。

（4）喜欢投掷。会两人相距2～4米抛接球，原地变换形式的拍球，边走边拍球，边跑边拍球。能肩上挥臂投掷，投准（3米左右）。

（5）能协调灵敏地钻爬和攀登障碍物。

（6）会听口令立正、稍息、看齐、向左（右）转、原地踏步、立定、便步走、齐步走、跑步走、左（右）转弯走，会听信号左右分队走。

2.具体措施

（1）动作与行为练习。让幼儿对已经学过的基本动作与基本技能、健康行为与生活技能等进行反复练习。

（2）见解示范。具体而形象地向幼儿讲解粗浅的体育知识，并结合身体动作或实物、模型加以示范。

（3）情境表演。就特定的生活情境加以表现，然后让幼儿思考分析情境中所涉及的健康教育问题。

逐月目标如下。

1. 九月份

（1）能轻松、自如地绕过障碍曲线走和跑，能走跑交替 300 米。

（2）能单手将沙包等掷出约 4 米远。

（3）发展幼儿侧步走的能力及动作的协调性。

（4）进行球的各种玩法。

2. 十月份

（1）能立定跳远，跳距不少于 40 厘米。

（2）能两人相距 2 ～ 4 米抛接球。

（3）学习助跑跨跳。

（4）练习头顶沙袋走平行线，发展平衡能力。

3. 十一月份

（1）培养幼儿的独立能力和勇敢的品质。

（2）能侧身、缩身钻过 50 厘米高的拱形门。

（3）练习侧身向右传球，发展幼儿身体的灵活性及合作能力。

4. 十二月份和一月份

（1）学习侧身钻过直径 60 厘米的呼啦圈。

（2）练习立定跳远的动作。

（3）继续教幼儿上挥臂投掷的动作，提高幼儿投掷的准确性。

单元三　幼儿园体育活动评价

一、幼儿园体育活动的评价

对幼儿园体育活动的评价是为了掌握幼儿体育活动的现状，了解幼儿、教师的发展状况，同时为促进幼儿体育活动的有效开展提供科学的依据。

幼儿园体育活动的评价是一个复杂的系统工程。评价的对象、内容繁多，评价的途径、方法、手段和类型也多样。如对体育教学活动的评价、幼儿体质评价，每种形式中就包含很多内容和环节。因此，在评价中要贯穿于体育活动的每个环节；着眼于幼儿身心发展的每个方面；为形成幼儿终身参与体育运动的理念奠定良好基础；为体现幼儿自主精神提供最大可能。也就是说要注重幼儿发展状况、幼儿活动兴趣、动作学习过程和表现、个体成长规律。

（一）幼儿园组织管理

（1）领导高度重视，将"体育活动"纳入整个幼儿园工作的议事日程，在每学期保教工作计划中有体现，落实措施明确、具体；

（2）领导定时检查体育活动实施状况并有记录，发现问题能及时整改；

（3）能科学、全面地评价幼儿的运动能力和身体素质，按时开展幼儿体质测试，记录资料真实、完整，及时进行测试结果分析，指导幼儿进行体育锻炼和游戏活动；

（4）有目的、有计划地开展健康领域的教育研究。

（二）幼儿园环境设施

（1）有安全、充足的运动场地。户外场地夏天时有遮阴，冬天时有日照。场地类型丰富，适宜幼儿进行不同类型的活动。能因地制宜拓展幼儿运动空间，创设丰富、自然的活动场地，能充分利用现有场地，灵活开展体育活动，注重环境安全。

（2）有计划地及时添置、更新和维护体育设施与器材，确保运动设施和器材的安全性。

（3）有不同功能的大型体育设施，中、小型体育玩具充足，能够满足不同年龄幼儿身体协调发展的需要。

（4）适合幼儿年龄特点的各种运动游戏资源，包括民族传统资源得到充分开发和利用，自制玩具和材料丰富。

（三）幼儿园实践活动

（1）在园幼儿、教职工全员参与，积极参加体育锻炼。

（2）坚持幼儿每天 2 小时的户外活动，确保 1 小时的科学体育活动。

（3）坚持每天开展体育游戏活动及民族特色体育活动。

（4）能根据季节选编幼儿体操，体育活动形式多样，符合幼儿年龄特点，内容丰富有趣。

（5）每周有计划开展体育教学活动，每学期至少组织一次亲子运动会，每月向社区开放体育设施 1～2 次。

（6）活动目标明确，内容丰富有趣，符合幼儿实际发展水平及均衡发展的需要，并能渗透相关的教育。

（7）能科学地安排幼儿运动负荷，运动强度和密度适宜，在开展体育活动中有对幼儿积极的保护措施。

（8）在户外场地有足够的教师监督、管理和指导幼儿。教师站位合理，能够采取有效措施，预防危险发生。教师在活动中注意观察幼儿，适时给予支持和帮助。能注意个体差异，及时进行安全教育。

（四）活动效果

（1）幼儿运动能力达本年龄段发展水平，体质测试合格率（优良率）达 85% 以上；

（2）幼儿在体育活动中积极主动、情绪愉悦，养成良好的锻炼习惯；

（3）幼儿平均出勤率不低于80%，园内无传染病的暴发流行；

（4）注意总结积累开展体育活动的经验，在社区有一定影响。

（五）特色

体育活动有创新，形成园所文化和体育特色。

二、幼儿园体育活动质量的评价

（一）活动条件

1. 活动时间

（1）每天2小时的户外活动，其中，要有1小时的体育活动；

（2）每周1～2次体育教学活动；

（3）各班每次活动时间适合本班幼儿的年龄。

2. 活动场地

（1）有充足的空间，场地分布合理；

（2）因地制宜，创设环境；

（3）综合利用各种场所让幼儿锻炼身体。

3. 活动材料

（1）材料丰富多样；

（2）材料适应幼儿能力的特殊需要；

（3）材料能灵活多变，可根据幼儿的需要进行组合。

（二）幼儿活动

1. 活动状态

（1）对体育活动有浓厚的兴趣；

（2）情绪饱满和稳定；

（3）积极、主动参与体育活动。

2. 行为习惯

（1）遵守体育活动的有关秩序，活动常规好；

（2）纪律性强，互相合作，共同游戏；

（3）有一定的坚持性，不怕困难。

3. 动作发展

（1）能够较好地完成适合本年龄特点的各项基本动作；

（2）动作较准确，协调性较好；

（3）在活动中表现出动作的灵活性与敏捷性。

4. 运动能力

（1）走、跑、跳达到年龄标准；

（2）平衡、攀爬、投掷、钻达到年龄标准；

（3）能够进行适合本年龄的运动项目。

（三）教师指导

1. 创造条件

（1）熟悉并合理选择、安排、调整各活动场地与器械；

（2）把握好活动时间；

（3）制作和提供有效的活动材料。

2. 活动设计

（1）目标定位准确，有针对性和层次性；

（2）各运动项目、活动内容的选择与安排适中合理；

（3）教学方法灵活多样，具体措施清楚明了。

3. 组织能力

（1）激发幼儿兴趣，引导其主动地参与各项体育活动；

（2）以语言、动作等做适当的指导，鼓励幼儿运用材料探索多样性的玩法；

（3）掌握运动量。运动的强度与密度、相对的动与静应合理安排。

4. 保健安全

（1）建立好体育活动常规，并能够坚持执行；

（2）根据季节、气候、运动器械及具体情况，注意安全与卫生保健工作的配合；

（3）指导过程中把握好个体与整体的关系。

三、对多种幼儿体育活动的评价

1. 适宜性

（1）教师仪表端正，衣着大方得体、适合运动；

（2）镜面示范，动作准确、规范；

（3）关注个体差异，师幼互动完美和谐；

（4）提供适宜的、足够的活动器材。

2. 丰富性

（1）早操内容应贴近幼儿的生活，符合幼儿兴趣和发展的需要；

（2）根据幼儿的年龄特点及发展水平制定目标，设计和安排难度不同、类型不同的活动；

（3）留有弹性的空间，以实现各年龄段体育活动的阶段目标。

3. 均衡性

（1）应遵循全面发展的原则，综合、均衡安排全身各部位的练习，完善早操结构，避免早操舞蹈化；

（2）根据幼儿动作发展的规律，做到动静交替，大肌肉与小肌肉活动交替，自主与集体活动交替；

（3）注重幼儿间的互助合作性行为的有机协调。

4. 合理性

（1）把握早操的活动量，逐渐增加活动量和活动强度；

（2）根据幼儿完成早操后的面部表情和出汗程度做简单判断。

5. 审美性

（1）音乐感强，符合幼儿年龄特点，音乐性质与动作协调一致；

（2）能帮助与激发幼儿参与的意愿，在愉快运动中提升；

（3）音乐清晰明亮，无杂音。

四、体育教学活动评价

1. 制定目的、任务的合理性、完整性情况

（1）目标全面性与针对性；

（2）可操作性。

2. 课中内容安排顺序合理情况

（1）符合幼儿特点；

（2）有规律，有利幼儿掌握；

（3）时间安排合理。

3. 采用的教学方法、手段的合适程度

（1）合理创设环境和资源有效利用；

（2）多样化，能够形成宽松和融洽的活动气氛。

4. 组织形式与各环节是否严密流畅

（1）有效调控，灵活解决问题；

（2）有效的活动指导范围。

5. 运动强度、运动密度是否科学

（1）根据内容合理调整活动量；

（2）按照年龄特点选择活动量；

（3）根据活动效果调整活动量。

6. 教师的仪表仪态、讲解、示范，现场组织指挥能力

（1）教师精神状态；

（2）正确形象的动作示范；

（3）生动恰当的言语；

（4）全面细致的观察。

7. 教学完成情况

（1）目标达成度；

（2）幼儿参与活动的态度、广度与深度；

（3）师幼互动。

五、运动会评价

（1）主题清楚，如运动、健康、快乐。

（2）目标达成。

①培养幼儿对体育活动的兴趣爱好，让孩子体验运动的快乐、竞争的乐趣，增强协调性和灵活性，提高幼儿的身体素质；

②培养幼儿初步的团队和竞争意识，体现团结协作的竞赛风格，激发孩子的运动潜能；

③树立孩子的自信心，以及敢于克服困难、不怕挫折的良好品质，能体验胜利的愉悦。

（3）内容丰富、形式多样。如有教师表演、幼儿表演、幼儿竞赛、亲子运动项目、家长比赛项目等。

（4）特色。如开幕式的特色、园本特色的活动、颁奖方式的特色、创新活动等。

（5）设计的科学性。按照幼儿园特点、贴近生活等进行。

（6）安排合理、组织有序。

①整体：策划—宣传—准备—进行—总结；

②过程：注意避免场面混乱、时间拖拉、细节顾及等问题。

（7）参与度，教师及员工情况、幼儿、家长等。

（8）影响力。

①展示了幼儿园师幼的精神风貌，增强了孩子的集体荣誉感和团结协作的精神；

②让家长了解怎样和孩子有目的地游戏，怎样对孩子进行情感教育；

③让孩子在游戏中体验快乐、身心发展。

六、户外活动评价

1. 活动目标的制定

（1）活动目标体现多元化、层次化，注重促进幼儿兴趣、情感、能力、知识、技能等的全面发展；

（2）内容具有科学性、时代性，贴近幼儿生活；

（3）目标准确、明确、具体可操作，适合幼儿的年龄特点。

2. 活动过程

（1）活动组织有序、层次清晰、重点突出，时间安排合理。

（2）活动设计为易于感知、操作、探索的形式，并具有反馈、交流、思考的机会。教学方式游戏化，幼儿兴趣浓厚。

（3）发挥教师主导作用，尊重幼儿主体地位，引导幼儿主动、积极、创造性地学习。重视学习兴趣、方法、能力、习惯的培养。

（4）既面向全体，又注重个别差异，教学设计体现层次要求，坚持正面教育。

3. 教师素质

（1）两位教师共同参与，在活动中协调合作，配合默契。

（2）教态亲切、自然，既尊重幼儿，又严格要求。善于鼓励、调动幼儿的积极性。

（3）语言简练、规范、生动，富有感染力，易于幼儿理解。

（4）教师基本功扎实，调控活动能力强，有灵活的教学机制和应变能力。关注幼儿，满足其合理需要。

4. 活动效果

（1）幼儿在活动中情绪愉快、态度积极，参与意识强，各种能力在原有水平上得到提高；

（2）活动目标能在过程中基本得以落实。

七、对幼儿体育活动中生理、心理负荷的评价

幼儿生理、心理负荷的常用评价方法有两种：观察法和生理指标测定法（脉搏测定或心率测定）。

（一）观察法

观察是一种受思维影响的、比较有系统的、主动的、有意的知觉活动，是指有目的、有顺序地感知客观事物的过程，是获取感性经验的基本途径。教师的观察力主要是指对幼儿直觉的、原样的、不加任何操作的自然观察能力。这里主要是从幼儿完成动作的质量，幼儿的面色、呼吸、汗量，幼儿的注意力，幼儿的情绪等方面来判断运动量是否合适。幼儿疲劳程度表现参考表 7-1。

表 7-1 幼儿疲劳程度参考表

观察方面		轻度疲劳	中度疲劳	非常疲劳
活动中	面色	稍红	相对红	十分红或苍白
	汗量	不多	较多（特别是肩带部分）	大量出汗（特别是躯干部分）
	呼吸	中途稍快	显著加大	呼吸急促、表浅、节律紊乱
	动作	动作准确，步态轻稳	动作摇摆不定	动作失调、步态不稳、反应迟钝
	注意	注意力集中	能集中注意力，但不稳定	注意力分散，已经转移
	情绪	情绪愉快	略有倦意	精神疲乏

续表

观察方面		轻度疲劳	中度疲劳	非常疲劳
活动后	食欲	饮食良好，食欲增加	食欲一般，有时略有降低	食欲降低，进食量减少，甚至出现恶心、呕吐现象
	睡眠	入睡较快，睡眠良好	入睡较慢，睡眠一般	很难入睡，睡眠不安
	精神	精神爽快，情绪好，注意稳定	精神略有不振，情绪一般	厌倦联系，精神恍惚、心悸

（二）生理指标测定法

与观察法比较，这是一种比较客观的方法，它包括对脉搏、呼吸频率、肺活量、体温变化、尿蛋白等方面的测定，这些方法比较复杂，在幼儿园里采用的是脉搏测试法（有条件的可以测心率）。

脉搏测定法是指在活动过程中，通过多次测定幼儿的脉搏，掌握活动中脉搏变化的情况，分析运动负荷安排是否合理。

八、幼儿体质评价

体质是人体的质量，它是在遗传性和获得性基础上表现出来的人体形态结构、生理功能和心理因素的综合的、相对稳定的特征。体质的范围和测定指标包括身体形态和结构的发育水平（如身高、体重、胸围等）、生理生化功能水平（如心率、血压等）、身体素质和运动能力水平（如跑、跳等）、心理发展水平（如智力、心理健康水平等）、适应能力（如发病率、预防接种率等）。对幼儿进行体质评价，是评价体育锻炼效果的重要方面。幼儿运动能力测定的内容：身高体重测量、坐位体前屈（厘米）、15 米绕障碍跑、立定跳远（厘米）、握力、走平衡木（秒）、双脚连续跳（秒）。

（一）幼儿体质测试方法

（1）坐位体前屈。幼儿面向仪器坐在垫子上，双腿向前伸直；脚跟并拢，蹬在测试仪的挡板上，脚尖自然分开。测试时，幼儿双手并拢，掌心向下平伸，膝关节伸直，上体前屈，用双手中指指尖推动游标平滑前进，直到不能推动为止。

（2）15 米绕障碍跑。在平坦的地面上画一条 15 米的直线，在直线的起点处画约 1.5 米宽的横线作为起跑线，在起跑线的两侧放置起点立柱传感器；在直线的终点画一条 1.5 米宽的横线作为终点线，在终点线两侧放置终点立柱传感器；在直线上距离起点 3 米处放置第一个锥桶，之后每间隔 1.5 米（桶与桶中心点距离）放置一个锥桶，共放 7 个锥桶，第 7 个锥桶与终点线距离为 3 米。受试者站在起跑线后，听到语音提示后，从起点开始全速跑，先直线通过前 3 米，然后以连续的"S"形轨迹依次绕过 7 个锥桶，最后直线冲刺通过终点（当受试者遮挡起点传感器时计时开始，越过终点线遮挡终点传感器停止计时）。

（3）立定跳远。幼儿两脚自然分开，站立在起跳线后，然后摆动双臂，双脚蹬地尽力向前跳。

（4）握力。测试前，受试者用有力手握住上下握柄，测试人员协助幼儿将握距调到适宜的用力距离后，按下握力计上的开关。测试时，受试者两脚自然分开站立，与肩同宽，两臂斜下垂，掌心向内，用最大力紧握上下握柄。连续测试两次，握力测试值以千克为单位，精确到小数点后 1 位。

（5）走平衡木。幼儿站在"起点线"后的平台上，面向平衡木，双臂侧平举，当听到"开始"的口令后，两脚交替向"终点线"前进。

（6）双脚连续跳。幼儿两脚并拢站在"起跳线"后，听到"开始"的口令后，双脚起跳，连续跳过 10 个软方包停止。

（二）评定方法及标准

1. 评定方法

采用单项评分和综合评级方法进行评定。单项评分采用 100 分制。综合评级是根据受试者各单项得分乘以各自权重后求和确定，各指标权重方案见表 7-2，共分四个等级：一级（优秀）、二级（良好）、三级（合格）、四级（不合格），各等级得分见表 7-3。

表 7-2　幼儿体质综合评级指标及其权重

一级指标	二级指标	权重
身体形态（30%）	身高	0.20
	体重指数（BMI）	0.10
身体素质（70%）	握力	0.10
	立定跳远	0.10
	坐位体前屈	0.10
	双脚连续跳	0.15
	15 米绕障碍跑	0.10
	走平衡木	0.15

注：BMI= 体重 / 身高 ^{2}（千克 / 米 ^{2}），下同

表 7-3　3 ～ 6 岁幼儿体质综合评级得分

等级	得分 /a
一级（优秀）	a ≥ 83 分
二级（良好）	75 分 ≤ a<83 分
三级（合格）	60 分 ≤ a<75 分
四级（不合格）	a<60 分

注：3 ～ 6 岁幼儿体质综合得分 a= 身高 ×0.20+ 体重指数（BMI）×0.10+ 握力 ×0.10+ 立定跳远 ×0.10+ 坐位体前屈 ×0.10+ 双脚连续跳 ×0.15+15 米绕障碍跑 ×0.10+ 走平衡木 ×0.15

2.各单项指标评分标准

各单项指标评分标准见表7-4～表7-19。

表7-4　男性幼儿身高评分表　　　　　　　　　　　　　　　　单位：厘米

分值	3岁	3.5岁	4岁	4.5岁	5岁	5.5岁	6岁
10分	< 92.1	< 94.6	< 98.1	< 100.8	< 104.3	< 106.9	< 108.8
30分	92.1～93.1	94.6～95.5	98.1～99.1	100.8～101.8	104.3～105.4	106.9～108.1	108.8～110.1
50分	93.2～95.7	95.6～98.2	99.2～101.9	101.9～104.7	105.5～108.4	108.2～111.3	110.2～113.6
55分	95.8～97.2	98.3～99.8	102.0～103.6	104.8～106.4	108.5～110.1	111.4～113.1	113.7～115.6
60分	97.3～98.4	99.9～101.0	103.7～104.8	106.5～107.7	110.2～111.5	113.2～114.6	115.7～117.3
65分	98.5～99.4	101.1～102.1	104.9～106.0	107.8～108.9	111.6～112.8	114.7～116.0	117.4～118.7
70分	99.5～100.4	102.2～103.1	106.1～107.1	109.0～110.0	112.9～113.9	116.1～117.2	118.8～120.1
75分	100.5～101.5	103.2～104.3	107.2～108.2	110.1～111.2	114.0～115.2	117.3～118.5	120.2～121.5
80分	101.6～102.8	104.4～105.6	108.3～109.6	111.3～112.5	115.3～116.6	118.6～120.0	121.6～123.1
85分	102.9～104.5	105.7～107.3	109.7～111.3	112.6～114.3	116.7～118.3	120.1～121.8	123.2～125.1
90分	104.6～105.7	107.4～108.5	111.4～112.5	114.4～115.5	118.4～119.6	121.9～123.1	125.2～126.4
95分	105.8～107.6	108.6～110.4	112.6～114.4	115.6～117.3	119.7～121.4	123.2～124.9	126.5～128.3
100分	≥ 107.7	≥ 110.5	≥ 114.5	≥ 117.4	≥ 121.5	≥ 125.0	≥ 128.4

表7-5　女性幼儿身高评分表　　　　　　　　　　　　　　　　单位：厘米

分值	3岁	3.5岁	4岁	4.5岁	5岁	5.5岁	6岁
10分	< 91.0	< 93.5	< 97.3	< 99.9	< 103.4	< 106.3	< 108.0
30分	91.0～91.9	93.5～94.5	97.3～98.3	99.9～100.9	103.4～104.5	106.3～107.4	108.0～109.2
50分	92.0～94.5	94.6～97.3	98.4～101.1	101.0～103.7	104.6～107.4	107.5～110.4	109.3～112.6
55分	94.6～96.0	97.4～98.9	101.2～102.7	103.8～105.4	107.5～109.1	110.5～112.2	112.7～114.6
60分	96.1～97.2	99.0～100.1	102.8～104.0	105.5～106.6	109.2～110.5	112.3～113.6	114.7～116.2
65分	97.3～98.2	100.2～101.2	104.1～105.1	106.7～107.8	110.6～111.7	113.7～114.8	116.3～117.6
70分	98.3～99.2	101.3～102.2	105.2～106.2	107.9～108.9	111.8～112.8	114.9～116.0	117.7～119.0
75分	99.3～100.3	102.3～103.4	106.3～107.3	109.0～110.0	112.9～114.0	116.1～117.3	119.1～120.4
80分	100.4～101.6	103.5～104.7	107.4～108.6	110.1～111.4	114.1～115.4	117.4～118.7	120.5～122.0
85分	101.7～103.3	104.8～106.5	108.7～110.4	111.5～113.1	115.5～117.2	118.8～120.5	122.1～124.1

分值	3 岁	3.5 岁	4 岁	4.5 岁	5 岁	5.5 岁	6 岁
90 分	103.4～104.6	106.6～107.8	110.5～111.7	113.2～114.3	117.3～118.5	120.6～121.8	124.2～125.4
95 分	104.7～106.7	107.9～109.9	111.8～113.6	114.4～116.2	118.6～120.4	121.9～123.7	125.5～127.5
100 分	≥ 106.8	≥ 110.0	≥ 113.7	≥ 116.3	≥ 120.5	≥ 123.8	≥ 127.6

表 7-6　男性幼儿 BMI 评分表　　　　　　　　　单位：千克 / 米^2

年龄	60 分	100 分	60 分	20 分
36 月	< 13.4	13.4～18.4	18.5～20.0	≥ 20.1
37 月	< 13.3	13.3～18.3	18.4～19.9	≥ 20.0
38 月	< 13.3	13.3～18.3	18.4～19.9	≥ 20.0
39 月	< 13.3	13.3～18.3	18.4～19.9	≥ 20.0
40 月	< 13.2	13.2～18.2	18.3～19.9	≥ 20.0
41 月	< 13.2	13.2～18.2	18.3～19.9	≥ 20.0
42 月	< 13.2	13.2～18.2	18.3～19.8	≥ 19.9
43 月	< 13.2	13.2～18.2	18.3～19.8	≥ 19.9
44 月	< 13.1	13.1～18.2	18.3～19.8	≥ 19.9
45 月	< 13.1	13.1～18.2	18.3～19.8	≥ 19.9
46 月	< 13.1	13.1～18.2	18.3～19.8	≥ 19.9
47 月	< 13.1	13.1～18.2	18.3～19.9	≥ 20.0
48 月	< 13.1	13.1～18.2	18.3～19.9	≥ 20.0
49 月	< 13.0	13.0～18.2	18.3～19.9	≥ 20.0
50 月	< 13.0	13.0～18.2	18.3～19.9	≥ 20.0
51 月	< 13.0	13.0～18.2	18.3～19.9	≥ 20.0
52 月	< 13.0	13.0～18.2	18.3～19.9	≥ 20.0
53 月	< 13.0	13.0～18.2	18.3～20.0	≥ 20.1
54 月	< 13.0	13.0～18.2	18.3～20.0	≥ 20.1
55 月	< 13.0	13.0～18.2	18.3～20.0	≥ 20.1
56 月	< 12.9	12.9～18.2	18.3～20.1	≥ 20.2
57 月	< 12.9	12.9～18.2	18.3～20.1	≥ 20.2
58 月	< 12.9	12.9～18.3	18.4～20.2	≥ 20.3

年龄	60分	100分	60分	20分
59 月	< 12.9	12.9 ～ 18.3	18.4 ～ 20.2	≥ 20.3
60 月	< 12.9	12.9 ～ 18.3	18.4 ～ 20.3	≥ 20.4
61 月	< 13.0	13.0 ～ 16.6	16.7 ～ 18.3	≥ 18.4
62 月	< 13.0	13.0 ～ 16.6	16.7 ～ 18.3	≥ 18.4
63 月	< 13.0	13.0 ～ 16.7	16.8 ～ 18.3	≥ 18.4
64 月	< 13.0	13.0 ～ 16.7	16.8 ～ 18.3	≥ 18.4
65 月	< 13.0	13.0 ～ 16.7	16.8 ～ 18.3	≥ 18.4
66 月	< 13.0	13.0 ～ 16.7	16.8 ～ 18.4	≥ 18.5
67 月	< 13.0	13.0 ～ 16.7	16.8 ～ 18.4	≥ 18.5
68 月	< 13.0	13.0 ～ 16.7	16.8 ～ 18.4	≥ 18.5
69 月	< 13.0	13.0 ～ 16.7	16.8 ～ 18.4	≥ 18.5
70 月	< 13.0	13.0 ～ 16.7	16.8 ～ 18.5	≥ 18.6
71 月	< 13.0	13.0 ～ 16.7	16.8 ～ 18.5	≥ 18.6
6.0 岁	≤ 13.4	13.5 ～ 16.3	16.4 ～ 17.6	≥ 17.7
6.5 岁	≤ 13.8	13.9 ～ 16.6	16.7 ～ 18.0	≥ 18.1

表 7-7　女性幼儿 BMI 评分表　　　　　　　　　　单位：千克 / 米^2

年龄	60分	100分	60分	20分
36 月	< 13.1	13.1 ～ 18.4	18.5 ～ 20.3	≥ 20.4
37 月	< 13.1	13.1 ～ 18.4	18.5 ～ 20.3	≥ 20.4
38 月	< 13.0	13.0 ～ 18.4	18.5 ～ 20.3	≥ 20.4
39 月	< 13.0	13.0 ～ 18.4	18.5 ～ 20.3	≥ 20.4
40 月	< 13.0	13.0 ～ 18.4	18.5 ～ 20.3	≥ 20.4
41 月	< 13.0	13.0 ～ 18.4	18.5 ～ 20.4	≥ 20.5
42 月	< 12.9	12.9 ～ 18.4	18.5 ～ 20.4	≥ 20.5
43 月	< 12.9	12.9 ～ 18.4	18.5 ～ 20.4	≥ 20.5
44 月	< 12.9	12.9 ～ 18.5	18.6 ～ 20.4	≥ 20.5
45 月	< 12.9	12.9 ～ 18.5	18.6 ～ 20.5	≥ 20.6

续表

年龄	60分	100分	60分	20分
46 月	< 12.9	12.9 ～ 18.5	18.6 ～ 20.5	≥ 20.6
47 月	< 12.8	12.8 ～ 18.5	18.6 ～ 20.5	≥ 20.6
48 月	< 12.8	12.8 ～ 18.5	18.6 ～ 20.6	≥ 20.7
49 月	< 12.8	12.8 ～ 18.5	18.6 ～ 20.6	≥ 20.7
50 月	< 12.8	12.8 ～ 18.6	18.7 ～ 20.7	≥ 20.8
51 月	< 12.8	12.8 ～ 18.6	18.7 ～ 20.7	≥ 20.8
52 月	< 12.8	12.8 ～ 18.6	18.7 ～ 20.7	≥ 20.8
53 月	< 12.7	12.7 ～ 18.6	18.7 ～ 20.8	≥ 20.9
54 月	< 12.7	12.7 ～ 18.7	18.8 ～ 20.8	≥ 20.9
55 月	< 12.7	12.7 ～ 18.7	18.8 ～ 20.9	≥ 21.0
56 月	< 12.7	12.7 ～ 18.7	18.8 ～ 20.9	≥ 21.0
57 月	< 12.7	12.7 ～ 18.7	18.8 ～ 21.0	≥ 21.1
58 月	< 12.7	12.7 ～ 18.8	18.9 ～ 21.0	≥ 21.1
59 月	< 12.7	12.7 ～ 18.8	18.9 ～ 21.0	≥ 21.1
60 月	< 12.7	12.7 ～ 18.8	18.9 ～ 21.1	≥ 21.2
61 月	< 12.7	12.7 ～ 16.9	17.0 ～ 18.9	≥ 19.0
62 月	< 12.7	12.7 ～ 16.9	17.0 ～ 18.9	≥ 19.0
63 月	< 12.7	12.7 ～ 16.9	17.0 ～ 18.9	≥ 19.0
64 月	< 12.7	12.7 ～ 16.9	17.0 ～ 18.9	≥ 19.0
65 月	< 12.7	12.7 ～ 16.9	17.0 ～ 19.0	≥ 19.1
66 月	< 12.7	12.7 ～ 16.9	17.0 ～ 19.0	≥ 19.1
67 月	< 12.7	12.7 ～ 16.9	17.0 ～ 19.0	≥ 19.1
68 月	< 12.7	12.7 ～ 17.0	17.1 ～ 19.1	≥ 19.2
69 月	< 12.7	12.7 ～ 17.0	17.1 ～ 19.1	≥ 19.2
70 月	< 12.7	12.7 ～ 17.0	17.1 ～ 19.1	≥ 19.2
71 月	< 12.7	12.7 ～ 17.0	17.1 ～ 19.2	≥ 19.3
6.0 岁	≤ 13.1	13.2 ～ 16.1	16.2 ～ 17.4	≥ 17.5
6.5 岁	≤ 13.3	13.4 ～ 16.4	16.5 ～ 17.9	≥ 18.0

表 7-8　男性幼儿握力评分表　　　　　　　　　　　　　　　　　　单位：千克

分值	3 岁	3.5 岁	4 岁	4.5 岁	5 岁	5.5 岁	6 岁
10 分	< 1.6	< 1.8	< 2.1	< 2.4	< 2.7	< 2.9	< 3.2
30 分	1.6 ～ 1.7	1.8 ～ 2.0	2.1 ～ 2.3	2.4 ～ 2.7	2.7 ～ 3.0	2.9 ～ 3.4	3.2 ～ 3.7
50 分	1.8 ～ 2.3	2.1 ～ 2.7	2.4 ～ 3.2	2.8 ～ 3.7	3.1 ～ 4.2	3.5 ～ 4.8	3.8 ～ 5.4
55 分	2.4 ～ 2.8	2.8 ～ 3.2	3.3 ～ 3.8	3.8 ～ 4.4	4.3 ～ 5.0	4.9 ～ 5.6	5.5 ～ 6.3
60 分	2.9 ～ 3.1	3.3 ～ 3.7	3.9 ～ 4.3	4.5 ～ 5.0	5.1 ～ 5.7	5.7 ～ 6.4	6.4 ～ 7.1
65 分	3.2 ～ 3.5	3.8 ～ 4.1	4.4 ～ 4.8	5.1 ～ 5.5	5.8 ～ 6.2	6.5 ～ 7.0	7.2 ～ 7.8
70 分	3.6 ～ 3.9	4.2 ～ 4.6	4.9 ～ 5.3	5.6 ～ 6.1	6.3 ～ 6.8	7.1 ～ 7.6	7.9 ～ 8.5
75 分	4.0 ～ 4.4	4.7 ～ 5.1	5.4 ～ 5.9	6.2 ～ 6.6	6.9 ～ 7.4	7.7 ～ 8.3	8.6 ～ 9.2
80 分	4.5 ～ 5.0	5.2 ～ 5.7	6.0 ～ 6.5	6.7 ～ 7.3	7.5 ～ 8.1	8.4 ～ 9.0	9.3 ～ 10.0
85 分	5.1 ～ 5.8	5.8 ～ 6.5	6.6 ～ 7.3	7.4 ～ 8.2	8.2 ～ 9.1	9.1 ～ 10.0	10.1 ～ 11.0
90 分	5.9 ～ 6.4	6.6 ～ 7.1	7.4 ～ 7.9	8.3 ～ 8.8	9.2 ～ 9.7	10.1 ～ 10.7	11.1 ～ 11.7
95 分	6.5 ～ 7.3	7.2 ～ 8.0	8.0 ～ 8.9	8.9 ～ 9.8	9.8 ～ 10.7	10.8 ～ 11.7	11.8 ～ 12.7
100 分	≥ 7.4	≥ 8.1	≥ 9.0	≥ 9.9	≥ 10.8	≥ 11.8	≥ 12.8

表 7-9　女性幼儿握力评分表　　　　　　　　　　　　　　　　　　单位：千克

分值	3 岁	3.5 岁	4 岁	4.5 岁	5 岁	5.5 岁	6 岁
10 分	< 1.5	< 1.6	< 1.9	< 2.0	< 2.2	< 2.4	< 2.8
30 分	1.5 ～ 1.6	1.6 ～ 1.7	1.9 ～ 2.0	2.0 ～ 2.2	2.2 ～ 2.5	2.4 ～ 2.7	2.8 ～ 3.2
50 分	1.7 ～ 2.1	1.8 ～ 2.3	2.1 ～ 2.8	2.3 ～ 3.1	2.6 ～ 3.5	2.8 ～ 3.9	3.3 ～ 4.5
55 分	2.2 ～ 2.4	2.4 ～ 2.8	2.9 ～ 3.3	3.2 ～ 3.7	3.6 ～ 4.2	4.0 ～ 4.6	4.6 ～ 5.4
60 分	2.5 ～ 2.8	2.9 ～ 3.2	3.4 ～ 3.8	3.8 ～ 4.2	4.3 ～ 4.8	4.7 ～ 5.3	5.5 ～ 6.0
65 分	2.9 ～ 3.1	3.3 ～ 3.6	3.9 ～ 4.3	4.3 ～ 4.7	4.9 ～ 5.4	5.4 ～ 5.8	6.1 ～ 6.7
70 分	3.2 ～ 3.5	3.7 ～ 4.0	4.4 ～ 4.7	4.8 ～ 5.2	5.5 ～ 5.9	5.9 ～ 6.4	6.8 ～ 7.3
75 分	3.6 ～ 3.9	4.1 ～ 4.4	4.8 ～ 5.2	5.3 ～ 5.7	6.0 ～ 6.5	6.5 ～ 7.0	7.4 ～ 7.9
80 分	4.0 ～ 4.5	4.5 ～ 5.0	5.3 ～ 5.8	5.8 ～ 6.4	6.6 ～ 7.2	7.1 ～ 7.8	8.0 ～ 8.7
85 分	4.6 ～ 5.2	5.1 ～ 5.7	5.9 ～ 6.7	6.5 ～ 7.2	7.3 ～ 8.1	7.9 ～ 8.7	8.8 ～ 9.7
90 分	5.3 ～ 5.8	5.8 ～ 6.3	6.8 ～ 7.3	7.3 ～ 7.8	8.2 ～ 8.8	8.8 ～ 9.3	9.8 ～ 10.4
95 分	5.9 ～ 6.8	6.4 ～ 7.2	7.4 ～ 8.3	7.9 ～ 8.7	8.9 ～ 9.7	9.4 ～ 10.4	10.5 ～ 11.6
100 分	≥ 6.9	≥ 7.3	≥ 8.4	≥ 8.8	≥ 9.8	≥ 10.5	≥ 11.7

表 7-10　男性幼儿立定跳远评分表　　　　　　　　　　　　　　　　单位：厘米

分值	3 岁	3.5 岁	4 岁	4.5 岁	5 岁	5.5 岁	6 岁
10 分	< 25	< 28	< 41	< 49	< 58	< 64	< 69
30 分	25 ～ 26	28 ～ 31	41 ～ 44	49 ～ 52	58 ～ 61	64 ～ 67	69 ～ 72
50 分	27 ～ 33	32 ～ 40	45 ～ 54	53 ～ 63	62 ～ 71	68 ～ 78	73 ～ 82
55 分	34 ～ 39	41 ～ 47	55 ～ 60	64 ～ 69	72 ～ 78	79 ～ 84	83 ～ 88
60 分	40 ～ 43	48 ～ 52	61 ～ 65	70 ～ 75	79 ～ 83	85 ～ 89	89 ～ 93
65 分	44 ～ 48	53 ～ 57	66 ～ 70	76 ～ 79	84 ～ 87	90 ～ 94	94 ～ 98
70 分	49 ～ 53	58 ～ 62	71 ～ 75	80 ～ 84	88 ～ 92	95 ～ 99	99 ～ 103
75 分	54 ～ 58	63 ～ 68	76 ～ 80	85 ～ 88	93 ～ 96	100 ～ 103	104 ～ 107
80 分	59 ～ 64	69 ～ 73	81 ～ 85	89 ～ 93	97 ～ 101	104 ～ 108	108 ～ 112
85 分	65 ～ 71	74 ～ 80	86 ～ 91	94 ～ 98	102 ～ 107	109 ～ 113	113 ～ 118
90 分	72 ～ 76	81 ～ 84	92 ～ 95	99 ～ 102	108 ～ 110	114 ～ 117	119 ～ 122
95 分	77 ～ 83	85 ～ 90	96 ～ 101	103 ～ 107	111 ～ 115	118 ～ 122	123 ～ 128
100 分	≥ 84	≥ 91	≥ 102	≥ 108	≥ 116	≥ 123	≥ 129

表 7-11　女性幼儿立定跳远评分表　　　　　　　　　　　　　　　　单位：厘米

分值	3 岁	3.5 岁	4 岁	4.5 岁	5 岁	5.5 岁	6 岁
10 分	< 25	< 29	< 41	< 47	< 57	< 63	< 67
30 分	25 ～ 26	29 ～ 31	41 ～ 43	47 ～ 50	57 ～ 60	63 ～ 66	67 ～ 69
50 分	27 ～ 33	32 ～ 40	44 ～ 53	51 ～ 61	61 ～ 69	67 ～ 75	70 ～ 78
55 分	34 ～ 38	41 ～ 46	54 ～ 59	62 ～ 67	70 ～ 74	76 ～ 81	79 ～ 83
60 分	39 ～ 42	47 ～ 51	60 ～ 63	68 ～ 71	75 ～ 79	82 ～ 85	84 ～ 88
65 分	43 ～ 47	52 ～ 56	64 ～ 68	72 ～ 75	80 ～ 83	86 ～ 89	89 ～ 92
70 分	48 ～ 52	57 ～ 61	69 ～ 72	76 ～ 79	84 ～ 86	90 ～ 93	93 ～ 95
75 分	53 ～ 57	62 ～ 65	73 ～ 76	80 ～ 83	87 ～ 90	94 ～ 97	96 ～ 99
80 分	58 ～ 62	66 ～ 70	77 ～ 81	84 ～ 87	91 ～ 95	98 ～ 101	100 ～ 104
85 分	63 ～ 69	71 ～ 76	82 ～ 87	88 ～ 93	96 ～ 100	102 ～ 106	105 ～ 110
90 分	70 ～ 74	77 ～ 80	88 ～ 91	94 ～ 96	101 ～ 104	107 ～ 110	111 ～ 114
95 分	75 ～ 80	81 ～ 86	92 ～ 97	97 ～ 102	105 ～ 109	111 ～ 115	115 ～ 120
100 分	≥ 81	≥ 87	≥ 98	≥ 103	≥ 110	≥ 116	≥ 121

表 7-12　男性幼儿坐位体前屈评分表　　　　　　　　　　　　单位：厘米

分值	3 岁	3.5 岁	4 岁	4.5 岁	5 岁	5.5 岁	6 岁
10 分	< 0.7	< 0.6	< 0.1	<～ 0.6	<～ 1.4	<～ 2.1	<～ 2.8
30 分	0.7 ～ 2.0	0.6 ～ 2.0	0.1 ～ 1.5	～ 0.6 ～ 0.8	～ 1.4 ～ 0.1	～ 2.1 ～ 0.6	～ 2.8 ～ 1.2
50 分	2.1 ～ 5.2	2.1 ～ 5.2	1.6 ～ 4.9	0.9 ～ 4.3	0.2 ～ 3.6	～ 0.5 ～ 3.1	～ 1.1 ～ 2.5
55 分	5.3 ～ 6.9	5.3 ～ 7.0	5.0 ～ 6.6	4.4 ～ 6.1	3.7 ～ 5.5	3.2 ～ 5.0	2.6 ～ 4.5
60 分	7.0 ～ 8.2	7.1 ～ 8.3	6.7 ～ 8.0	6.2 ～ 7.5	5.6 ～ 6.9	5.1 ～ 6.5	4.6 ～ 6.0
65 分	8.3 ～ 9.3	8.4 ～ 9.4	8.1 ～ 9.1	7.6 ～ 8.7	7.0 ～ 8.1	6.6 ～ 7.7	6.1 ～ 7.3
70 分	9.4 ～ 10.3	9.5 ～ 10.5	9.2 ～ 10.3	8.8 ～ 9.8	8.2 ～ 9.3	7.8 ～ 9.0	7.4 ～ 8.5
75 分	10.4 ～ 11.4	10.6 ～ 11.6	10.4 ～ 11.4	9.9 ～ 11.0	9.4 ～ 10.5	9.1 ～ 10.2	8.6 ～ 9.8
80 分	11.5 ～ 12.7	11.7 ～ 12.9	11.5 ～ 12.8	11.1 ～ 12.4	10.6 ～ 11.9	10.3 ～ 11.7	9.9 ～ 11.3
85 分	12.8 ～ 14.4	13.0 ～ 14.6	12.9 ～ 14.5	12.5 ～ 14.2	12.0 ～ 13.8	11.8 ～ 13.6	11.4 ～ 13.3
90 分	14.5 ～ 15.6	14.7 ～ 15.9	14.6 ～ 15.8	14.3 ～ 15.5	13.9 ～ 15.2	13.7 ～ 15.0	13.4 ～ 14.8
95 分	15.7 ～ 17.6	16.0 ～ 17.9	15.9 ～ 17.9	15.6 ～ 17.7	15.3 ～ 17.4	15.1 ～ 17.3	14.9 ～ 17.1
100 分	≥ 17.7	≥ 18.0	≥ 18.0	≥ 17.8	≥ 17.5	≥ 17.4	≥ 17.2

表 7-13　女性幼儿坐位体前屈评分表　　　　　　　　　　　　单位：厘米

分值	3 岁	3.5 岁	4 岁	4.5 岁	5 岁	5.5 岁	6 岁
10 分	< 1.7	< 2.0	< 2.2	< 2.0	< 1.8	< 1.5	< 1.0
30 分	1.7 ～ 3.0	2.0 ～ 3.3	2.2 ～ 3.5	2.0 ～ 3.4	1.8 ～ 3.2	1.5 ～ 3.0	1.0 ～ 2.5
50 分	3.1 ～ 6.2	3.4 ～ 6.5	3.6 ～ 6.7	3.5 ～ 6.7	3.3 ～ 6.6	3.1 ～ 6.5	2.6 ～ 6.2
55 分	6.3 ～ 7.9	6.6 ～ 8.2	6.8 ～ 8.4	6.8 ～ 8.5	6.7 ～ 8.4	6.6 ～ 8.4	6.3 ～ 8.1
60 分	8.0 ～ 9.1	8.3 ～ 9.5	8.5 ～ 9.7	8.6 ～ 9.8	8.5 ～ 9.8	8.5 ～ 9.8	8.2 ～ 9.6
65 分	9.2 ～ 10.2	9.6 ～ 10.6	9.8 ～ 10.8	9.9 ～ 10.9	9.9 ～ 11.0	9.9 ～ 11.0	9.7 ～ 10.9
70 分	10.3 ～ 11.3	10.7 ～ 11.6	10.9 ～ 11.9	11.0 ～ 12.0	11.1 ～ 12.1	11.1 ～ 12.2	11.0 ～ 12.1
75 分	11.4 ～ 12.4	11.7 ～ 12.8	12.0 ～ 13.0	12.1 ～ 13.1	12.2 ～ 13.3	12.3 ～ 13.4	12.2 ～ 13.4
80 分	12.5 ～ 13.6	12.9 ～ 14.0	13.1 ～ 14.3	13.2 ～ 14.5	13.4 ～ 14.6	13.5 ～ 14.8	13.5 ～ 14.8
85 分	13.7 ～ 15.3	14.1 ～ 15.7	14.4 ～ 16.0	14.6 ～ 16.2	14.7 ～ 16.4	14.9 ～ 16.6	14.9 ～ 16.8
90 分	15.4 ～ 16.5	15.8 ～ 16.9	16.1 ～ 17.3	16.3 ～ 17.5	16.5 ～ 17.7	16.7 ～ 18.0	16.9 ～ 18.2
95 分	16.6 ～ 18.5	17.0 ～ 18.9	17.4 ～ 19.3	17.6 ～ 19.5	17.8 ～ 19.8	18.1 ～ 20.2	18.3 ～ 20.4
100 分	≥ 18.6	≥ 19.0	≥ 19.4	≥ 19.6	≥ 19.9	≥ 20.3	≥ 20.5

表 7-14　男性幼儿双脚连续跳评分表　　　　　　　　　　　　　单位：秒

分值	3 岁	3.5 岁	4 岁	4.5 岁	5 岁	5.5 岁	6 岁
10 分	> 19.8	> 17.4	> 14.1	> 12.5	> 10.9	> 10.3	> 9.3
30 分	19.8 ～ 18.4	17.4 ～ 16.0	14.1 ～ 13.1	12.5 ～ 11.6	10.9 ～ 10.2	10.3 ～ 9.5	9.3 ～ 8.7
50 分	18.3 ～ 14.7	15.9 ～ 12.7	13.0 ～ 10.7	11.5 ～ 9.4	10.1 ～ 8.4	9.4 ～ 7.8	8.6 ～ 7.4
55 分	14.6 ～ 12.8	12.6 ～ 11.0	10.6 ～ 9.4	9.3 ～ 8.3	8.3 ～ 7.6	7.7 ～ 7.0	7.3 ～ 6.7
60 分	12.7 ～ 11.3	10.9 ～ 9.8	9.3 ～ 8.5	8.2 ～ 7.6	7.5 ～ 6.9	6.9 ～ 6.5	6.6 ～ 6.2
65 分	11.2 ～ 10.0	9.7 ～ 8.8	8.4 ～ 7.7	7.5 ～ 7.0	6.8 ～ 6.4	6.4 ～ 6.0	6.1 ～ 5.8
70 分	9.9 ～ 9.0	8.7 ～ 7.9	7.6 ～ 7.1	6.9 ～ 6.4	6.3 ～ 6.0	5.9 ～ 5.7	5.7 ～ 5.5
75 分	8.9 ～ 8.0	7.8 ～ 7.2	7.0 ～ 6.5	6.3 ～ 6.0	5.9 ～ 5.6	5.6 ～ 5.3	5.4 ～ 5.2
80 分	7.9 ～ 7.2	7.1 ～ 6.6	6.4 ～ 6.0	5.9 ～ 5.6	5.5 ～ 5.3	5.2 ～ 5.0	5.1 ～ 4.9
85 分	7.1 ～ 6.4	6.5 ～ 6.0	5.9 ～ 5.5	5.5 ～ 5.2	5.2 ～ 4.9	4.9 ～ 4.7	4.8 ～ 4.6
90 分	6.3 ～ 6.0	5.9 ～ 5.6	5.4 ～ 5.2	5.1 ～ 4.9	4.8 ～ 4.7	4.6	4.5
95 分	5.9 ～ 5.5	5.5 ～ 5.2	5.1 ～ 4.9	4.8 ～ 4.7	4.6 ～ 4.5	4.5 ～ 4.4	4.4 ～ 4.2
100 分	≤ 5.4	≤ 5.1	≤ 4.8	≤ 4.6	≤ 4.4	≤ 4.3	≤ 4.1

表 7-15　女性幼儿双脚连续跳评分表　　　　　　　　　　　　　单位：秒

分值	3 岁	3.5 岁	4 岁	4.5 岁	5 岁	5.5 岁	6 岁
10 分	> 19.6	> 17.3	> 14.0	> 12.2	> 11.1	> 10.1	> 9.3
30 分	19.6 ～ 18.3	17.3 ～ 16.1	14.0 ～ 13.0	12.2 ～ 11.4	11.1 ～ 10.3	10.1 ～ 9.4	9.3 ～ 8.8
50 分	18.2 ～ 14.9	16.0 ～ 12.9	12.9 ～ 10.6	11.3 ～ 9.4	10.2 ～ 8.5	9.3 ～ 7.8	8.7 ～ 7.5
55 分	14.8 ～ 13.0	12.8 ～ 11.3	10.5 ～ 9.4	9.3 ～ 8.4	8.4 ～ 7.7	7.7 ～ 7.1	7.4 ～ 6.8
60 分	12.9 ～ 11.5	11.2 ～ 10.1	9.3 ～ 8.5	8.3 ～ 7.7	7.6 ～ 7.0	7.0 ～ 6.6	6.7 ～ 6.4
65 分	11.4 ～ 10.3	10.0 ～ 9.1	8.4 ～ 7.8	7.6 ～ 7.1	6.9 ～ 6.6	6.5 ～ 6.2	6.3 ～ 6.0
70 分	10.2 ～ 9.3	9.0 ～ 8.2	7.7 ～ 7.2	7.0 ～ 6.6	6.5 ～ 6.1	6.1 ～ 5.8	5.9 ～ 5.7
75 分	9.2 ～ 8.3	8.1 ～ 7.5	7.1 ～ 6.7	6.5 ～ 6.2	6.0 ～ 5.8	5.7 ～ 5.5	5.6 ～ 5.4
80 分	8.2 ～ 7.5	7.4 ～ 6.8	6.6 ～ 6.2	6.1 ～ 5.8	5.7 ～ 5.4	5.4 ～ 5.2	5.3 ～ 5.1
85 分	7.4 ～ 6.6	6.7 ～ 6.2	6.1 ～ 5.7	5.7 ～ 5.4	5.3 ～ 5.1	5.1 ～ 4.9	5.0 ～ 4.8
90 分	6.5 ～ 6.2	6.1 ～ 5.8	5.6 ～ 5.4	5.3 ～ 5.1	5.0 ～ 4.9	4.8 ～ 4.7	4.7 ～ 4.6
95 分	6.1 ～ 5.6	5.7 ～ 5.4	5.3 ～ 5.1	5.0 ～ 4.9	4.8 ～ 4.6	4.6 ～ 4.5	4.5 ～ 4.4
100 分	≤ 5.5	≤ 5.3	≤ 5.0	≤ 4.8	≤ 4.5	≤ 4.4	≤ 4.3

表 7-16　男性幼儿 15 米绕障碍跑评分表　　　　　　　　　　　单位：秒

分值	3 岁	3.5 岁	4 岁	4.5 岁	5 岁	5.5 岁	6 岁
10 分	> 15.2	> 14.2	> 13.3	> 12.6	> 12.0	> 11.6	> 11.2
30 分	15.2 ～ 14.4	14.2 ～ 13.3	13.3 ～ 12.5	12.6 ～ 11.7	12.0 ～ 11.1	11.6 ～ 10.7	11.2 ～ 10.3
50 分	14.3 ～ 12.4	13.2 ～ 11.4	12.4 ～ 10.6	11.6 ～ 9.9	11.0 ～ 9.4	10.6 ～ 8.9	10.2 ～ 8.6
55 分	12.3 ～ 11.4	11.3 ～ 10.5	10.5 ～ 9.8	9.8 ～ 9.1	9.3 ～ 8.6	8.8 ～ 8.3	8.5 ～ 8.0
60 分	11.3 ～ 10.7	10.4 ～ 9.9	9.7 ～ 9.2	9.0 ～ 8.7	8.5 ～ 8.2	8.2 ～ 7.8	7.9 ～ 7.6
65 分	10.6 ～ 10.2	9.8 ～ 9.4	9.1 ～ 8.8	8.6 ～ 8.3	8.1 ～ 7.9	7.7 ～ 7.5	7.5 ～ 7.3
70 分	10.1 ～ 9.7	9.3 ～ 9.0	8.7 ～ 8.4	8.2 ～ 8.0	7.8 ～ 7.6	7.4 ～ 7.3	7.2 ～ 7.1
75 分	9.6 ～ 9.2	8.9 ～ 8.6	8.3 ～ 8.1	7.9 ～ 7.6	7.5 ～ 7.3	7.2 ～ 7.0	7.0 ～ 6.9
80 分	9.1 ～ 8.8	8.5 ～ 8.2	8.0 ～ 7.7	7.5 ～ 7.3	7.2 ～ 7.0	6.9 ～ 6.8	6.8 ～ 6.6
85 分	8.7 ～ 8.2	8.1 ～ 7.7	7.6 ～ 7.3	7.2 ～ 6.9	6.9 ～ 6.6	6.7 ～ 6.4	6.5 ～ 6.3
90 分	8.1 ～ 7.8	7.6 ～ 7.4	7.2 ～ 7.0	6.8 ～ 6.7	6.5 ～ 6.4	6.3 ～ 6.2	6.2 ～ 6.1
95 分	7.7 ～ 7.3	7.3 ～ 6.9	6.9 ～ 6.6	6.6 ～ 6.3	6.3 ～ 6.1	6.1 ～ 5.9	6.0 ～ 5.8
100 分	≤ 7.2	≤ 6.8	≤ 6.5	≤ 6.2	≤ 6.0	≤ 5.8	≤ 5.7

表 7-17　女性幼儿 15 米绕障碍跑评分表　　　　　　　　　　　单位：秒

分值	3 岁	3.5 岁	4 岁	4.5 岁	5 岁	5.5 岁	6 岁
10 分	> 15.5	> 14.3	> 13.3	> 12.6	> 12.0	> 11.5	> 11.2
30 分	15.5 ～ 14.7	14.3 ～ 13.5	13.3 ～ 12.5	12.6 ～ 11.7	12.0 ～ 11.2	11.5 ～ 10.7	11.2 ～ 10.4
50 分	14.6 ～ 12.7	13.4 ～ 11.6	12.4 ～ 10.7	11.6 ～ 10.0	11.1 ～ 9.5	10.6 ～ 9.2	10.3 ～ 8.9
55 分	12.6 ～ 11.7	11.5 ～ 10.7	10.6 ～ 9.9	9.9 ～ 9.3	9.4 ～ 8.8	9.1 ～ 8.5	8.8 ～ 8.3
60 分	11.6 ～ 11.1	10.6 ～ 10.1	9.8 ～ 9.4	9.2 ～ 8.8	8.7 ～ 8.4	8.4 ～ 8.1	8.2 ～ 7.9
65 分	11.0 ～ 10.5	10.0 ～ 9.7	9.3 ～ 9.0	8.7 ～ 8.5	8.3 ～ 8.1	8.0 ～ 7.8	7.8 ～ 7.6
70 分	10.4 ～ 10.0	9.6 ～ 9.3	8.9 ～ 8.6	8.4 ～ 8.2	8.0 ～ 7.8	7.7 ～ 7.5	7.5 ～ 7.4
75 分	9.9 ～ 9.5	9.2 ～ 8.9	8.5 ～ 8.3	8.1 ～ 7.9	7.7 ～ 7.5	7.4 ～ 7.3	7.3 ～ 7.1
80 分	9.4 ～ 9.0	8.8 ～ 8.4	8.2 ～ 7.9	7.8 ～ 7.5	7.4 ～ 7.2	7.2 ～ 7.0	7.0 ～ 6.9
85 分	8.9 ～ 8.5	8.3 ～ 7.9	7.8 ～ 7.5	7.4 ～ 7.1	7.1 ～ 6.9	6.9 ～ 6.7	6.8 ～ 6.6
90 分	8.4 ～ 8.1	7.8 ～ 7.6	7.4 ～ 7.2	7.0 ～ 6.9	6.8 ～ 6.6	6.6 ～ 6.5	6.5 ～ 6.4
95 分	8.0 ～ 7.6	7.5 ～ 7.1	7.1 ～ 6.7	6.8 ～ 6.5	6.5 ～ 6.3	6.4 ～ 6.1	6.3 ～ 6.1
100 分	≤ 7.5	≤ 7.0	≤ 6.6	≤ 6.4	≤ 6.2	≤ 6.0	≤ 6.0

表 7-18　男性幼儿走平衡木评分表　　　　　　　　　　　　　　　　　　　　单位：秒

分值	3 岁	3.5 岁	4 岁	4.5 岁	5 岁	5.5 岁	6 岁
10 分	> 33.2	> 29.1	> 25.5	> 22.4	> 19.6	> 17.1	> 15.0
30 分	33.2 ～ 29.2	29.1 ～ 25.6	25.5 ～ 22.5	22.4 ～ 19.7	19.6 ～ 17.3	17.1 ～ 15.2	15.0 ～ 13.4
50 分	29.1 ～ 20.5	25.5 ～ 18.1	22.4 ～ 16.1	19.6 ～ 14.2	17.2 ～ 12.6	15.1 ～ 11.2	13.3 ～ 10.0
55 分	20.4 ～ 16.4	18.0 ～ 14.7	16.0 ～ 13.1	14.1 ～ 11.7	12.5 ～ 10.5	11.1 ～ 9.4	9.9 ～ 8.4
60 分	16.3 ～ 13.7	14.6 ～ 12.3	13.0 ～ 11.1	11.6 ～ 10.0	10.4 ～ 9.0	9.3 ～ 8.2	8.3 ～ 7.4
65 分	13.6 ～ 11.6	12.2 ～ 10.6	11.0 ～ 9.6	9.9 ～ 8.7	8.9 ～ 7.9	8.1 ～ 7.2	7.3 ～ 6.5
70 分	11.5 ～ 10.0	10.5 ～ 9.2	9.5 ～ 8.4	8.6 ～ 7.7	7.8 ～ 7.0	7.1 ～ 6.4	6.4 ～ 5.9
75 分	9.9 ～ 8.7	9.1 ～ 8.0	8.3 ～ 7.4	7.6 ～ 6.8	6.9 ～ 6.3	6.3 ～ 5.8	5.8 ～ 5.3
80 分	8.6 ～ 7.6	7.9 ～ 7.1	7.3 ～ 6.6	6.7 ～ 6.1	6.2 ～ 5.6	5.7 ～ 5.2	5.2 ～ 4.8
85 分	7.5 ～ 6.6	7.0 ～ 6.2	6.5 ～ 5.8	6.0 ～ 5.4	5.5 ～ 5.0	5.1 ～ 4.7	4.7 ～ 4.4
90 分	6.5 ～ 6.1	6.1 ～ 5.7	5.7 ～ 5.4	5.3 ～ 5.0	4.9 ～ 4.7	4.6 ～ 4.4	4.3 ～ 4.1
95 分	6.0 ～ 5.5	5.6 ～ 5.2	5.3 ～ 4.9	4.9 ～ 4.6	4.6 ～ 4.3	4.3 ～ 4.1	4.0 ～ 3.8
100 分	≤ 5.4	≤ 5.1	≤ 4.8	≤ 4.5	≤ 4.2	≤ 4.0	≤ 3.7

表 7-19　女性幼儿走平衡木评分表　　　　　　　　　　　　　　　　　　　　单位：秒

分值	3 岁	3.5 岁	4 岁	4.5 岁	5 岁	5.5 岁	6 岁
10 分	> 33.8	> 28.3	> 24.3	> 20.6	> 18.6	> 17.1	> 14.3
30 分	33.8 ～ 29.3	28.3 ～ 24.9	24.3 ～ 21.4	20.6 ～ 18.3	18.6 ～ 16.6	17.1 ～ 15.3	14.3 ～ 13.0
50 分	29.2 ～ 20.2	24.8 ～ 17.7	21.3 ～ 15.4	18.2 ～ 13.5	16.5 ～ 12.3	15.2 ～ 11.4	12.9 ～ 9.9
55 分	20.1 ～ 16.1	17.6 ～ 14.4	15.3 ～ 12.7	13.4 ～ 11.3	12.2 ～ 10.3	11.3 ～ 9.6	9.8 ～ 8.5
60 分	16.0 ～ 13.4	14.3 ～ 12.3	12.6 ～ 10.9	11.2 ～ 9.8	10.2 ～ 9.0	9.5 ～ 8.3	8.4 ～ 7.5
65 分	13.3 ～ 11.4	12.2 ～ 10.6	10.8 ～ 9.5	9.7 ～ 8.7	8.9 ～ 7.9	8.2 ～ 7.4	7.4 ～ 6.7
70 分	11.3 ～ 9.8	10.5 ～ 9.3	9.4 ～ 8.4	8.6 ～ 7.7	7.8 ～ 7.1	7.3 ～ 6.6	6.6 ～ 6.0
75 分	9.7 ～ 8.6	9.2 ～ 8.2	8.3 ～ 7.4	7.6 ～ 6.9	7.0 ～ 6.4	6.5 ～ 6.0	5.9 ～ 5.5
80 分	8.5 ～ 7.5	8.1 ～ 7.2	7.3 ～ 6.6	6.8 ～ 6.2	6.3 ～ 5.7	5.9 ～ 5.4	5.4 ～ 5.0
85 分	7.4 ～ 6.6	7.1 ～ 6.4	6.5 ～ 5.9	6.1 ～ 5.5	5.6 ～ 5.1	5.3 ～ 4.8	4.9 ～ 4.5
90 分	6.5 ～ 6.1	6.3 ～ 5.9	5.8 ～ 5.4	5.4 ～ 5.2	5.0 ～ 4.8	4.7 ～ 4.5	4.4 ～ 4.2
95 分	6.0 ～ 5.5	5.8 ～ 5.4	5.3 ～ 5.0	5.1 ～ 4.7	4.7 ～ 4.4	4.4 ～ 4.1	4.1 ～ 3.9
100 分	≤ 5.4	≤ 5.3	≤ 4.9	≤ 4.6	≤ 4.3	≤ 4.0	≤ 3.8

复习思考题

1. 结合所学内容独立完成大班月计划。

2. 简述小、中、大班各阶段目标。

3. 简述入园活动的必要性，并结合实际谈谈你的不同见解。

4. 简要介绍开展晨间活动保障的七个方面。

5. 结合所学内容独立完成体质评价。

6. 通过学习完成相应年龄体质健康内容。

参 考 文 献

［1］ 顾荣芳.学前儿童健康教育［M］.北京：高等教育出版社，2017.

［2］ 赖运成，陈丽，叶一舵.我国幼儿心理健康状况及其测量和影响因素［J］.宁波大学学报（教育科学版），2015，37（05）：19-24.

［3］ 许军，胡敏燕，杨云滨，等.健康测量量表SF-36［J］.中国行为医学科学，1999（02）：70-72.

［4］ 姚本先，邓明.幼儿心理健康教育的目标、任务、内容与途径［J］.教育科学研究2004（01）：44-46.

［5］ 孟昭兰.情绪心理学［M］.北京：北京大学出版社，2005.

［6］ 刘云艳，刘婷，周涛.运用情绪主题绘本开展幼儿情绪教育的理论基础与教学模式［J］.学前教育研究，2011（08）：50-54.

［7］ 张锐.幼儿教师的情绪教育观研究［D］.重庆：西南大学，2007.

［8］ 杨洋.以情绪主题绘本为载体促进大班幼儿情绪调节能力发展的行动研究［D］.西安：陕西师范大学，2018.

［9］ 梁拴荣.幼儿社会交往能力发展研究［J］.山西大学师范学院学报，1999（01）：64-66.

［10］ 王雪梅.幼儿社会交往能力的培养研究［J］.鞍山师范学院学报，2019，21（02）：61-64.

［11］ 曹中平.幼儿社会性发展与教育［M］.长沙：湖南师范大学出版社，2001.

［12］ 王振宇.学前儿童发展心理学［M］.北京：人民教育出版社，2004.

［13］ 龚楠.幼儿安全教育的主体及内容探讨［J］.科教文汇（上旬刊），2018（08）：84-85.

［14］ 施燕.幼儿园科学教育资源库［M］.上海：华东师范大学出版社，2014.

［15］ ［美］莎莉·穆莫.早期STEM教学——科学、技术、工程与数学的整合活动［M］.李正清，译.南京：南京师范大学出版社，2017.

［16］ 上海市教育委员会教育技术装备中心.去哪儿玩——幼儿园专用活动室优秀案例集［M］.上海：少年儿童出版社，2019.

［17］ 上海市教育委员会教育技术装备中心.玩不够——幼儿园科学玩教具配置和使用［M］.上海：少年儿童出版社，2017.

［18］［德］瓦西里奥斯·伊曼努埃尔·费纳科斯.德国学前儿童技术教育［M］.滕薇，等，译.上海：华东师范大学出版社，2020.

［19］施燕.幼儿教师基本功：爱上科学［M］.上海：华东师范大学出版社，2019.

［20］［美］戴维·A.温尼特，等.科学发现——幼儿的探究活动之二［M］.刘占兰，易凌云，曾盼盼，译.北京：北京师范大学出版社，2005.

［21］［美］大卫·杰纳·马丁.建构儿童的科学——探究过程导向的科学教育［M］.杨彩霞，于开莲，洪秀敏，等，译.北京：北京师范大学出版社，2002.

［22］［美］罗伯特·E.洛克威尔，伊丽莎白·A.舍伍德，罗伯特·A.威廉姆斯，等.科学发现——幼儿的探究活动之一［M］.廖贻，彭霞光，曾盼盼，译.北京：北京师范大学出版社，2005.

［23］［美］英格里德·查鲁福，卡仁·沃斯.与幼儿一起探索自然［M］.张澜，熊庆华，译.南京.南京师范大学出版社，2005.

［24］［美］阿林·普拉特·普莱瑞.幼儿园科学探究教学——科学、数学与技术的融合［M］.霍力岩，彭勤露，吕思培，等，译.北京：教育科学出版社，2009.

［25］香港课程发展议会.学前教育课程指引.2006.

［26］［美］Rosalind Charlesworth Karen K. Lind.幼儿数学与科学教育［M］.4版.李雅静，等，译.北京：北京师范大学出版社，2011.

［27］诸佩利.和儿童一起玩科学——基于自主探究的学前科学教育活动实践研究［M］.上海：上海教育出版社，2019.

［28］温剑青.发现 理解 支持——指向个性化教育支持的幼儿发展评价实践［M］.上海：上海教育出版社，2019.

［29］施燕.学前儿童科学教育（修订版）［M］.上海：华东师范大学出版社，2006.

［30］施燕，韩春红.学前儿童行为观察［M］.2版.上海：华东师范大学出版社，2020.

［31］王微丽，霍力岩.幼儿园科学区材料设计与评价［M］.北京：中国轻工业出版社2018.

［32］蔡志刚.童心玩科学——基于主题核心经验的幼儿园科学区活动［M］.上海：少年儿童出版社，2017.